凤凰师轩
FENGHUANG SHIXUAN

行知工程
行思讲坛系列

成为高度自觉的教育者

写给后课标时代的数学教师

许卫兵◎著

江蘇教育出版社

图书在版编目（CIP）数据

成为高度自觉的教育者：写给后课标时代的数学教师/许卫兵著.
—南京：江苏教育出版社，2013.10

ISBN 978-7-5499-3355-6

Ⅰ.①成…　Ⅱ.①许…　Ⅲ.①数学课—教学研究—中小学
Ⅳ.①G633.602

中国版本图书馆 CIP 数据核字（2013）第 199809 号

书　　名　成为高度自觉的教育者：写给后课标时代的数学教师
作　　者　许卫兵
责任编辑　林　琬　唐彩云
出版发行　凤凰出版传媒股份有限公司
　　　　　　江苏教育出版社（南京市湖南路 1 号 A 楼　邮编 210009）
苏教网址　http：//www.1088.com.cn
照　　排　润星之源文化有限公司
印　　刷　三河市华润印刷有限公司
厂　　址　三河市杨庄镇杨庄村
开　　本　787 毫米×1092 毫米　1/16
印　　张　11.75
字　　数　164 千字
版　　次　2013 年 10 月第 1 版　2013 年 10 月第 1 次印刷
书　　号　ISBN 978-7-5499-3355-6
定　　价　30.00 元
网店地址　http：//jsfhjy.taobao.com
邮购电话　025-85406265,85400774　短信　02585420909
E - mail　jsep@vip.163.com
盗版举报　025-83658579

◎ 序

做个明白教育“事理”的人

这是一本关于《义务教育数学课程标准（2011年版）》“实践解读”的书，有着不同于课标研制者所做解读的显著特点。第一，从使用者的角度看课标。课标修订得好不好，不能只由研制者说了算，还得倾听使用者，尤其是广大数学教师的声音。只有使用者才拥有充分的发言权。第二，结合自身教学实践谈课标。作者长期奋斗在教学一线，有深厚的实践根基，对“课标精髓解读”深入，能在教育改革的大背景下看数学课标修订；对“教学实施指导”到位，特别强调在具体的教学活动中聚焦数学课标中的十个核心概念。第三，为提高实践自觉性读课标。实践者反复研读课标，不断深化对课标的理解，能使自身的教学活动多一面反思的镜子，做个明白教育“事理”的人（叶澜教授曾将教育研究归结为事理研究）。对于实践者来说，这面镜子不可或缺，否则，教学活动很可能是盲目的。同时，实践者还必须要自己打磨，才能拥有心中的明镜，旁观者无法直接通达。

我们一方面以课标为依据，进行教学设计，组织教学活动，实施教学评价；另一方面在基于课标的实践中不断加深着对课标和数学教育，乃至整个教育体制的理解。此时的课标已不再是孤立、僵化的文本，它同整个基础教育课程体系联系在一起，同活生生的教育教学实践联系在一起，被赋予了丰富多样的教育内涵，融入了实践者的教育情怀。教学实践会变得“有标准而不唯标准”，这或许便是作者所说的“后课标时代”吧。基础教育课程改革有一个自上而下地实施的过程，同时也有个自下而上地推进的过程，是两者交互作用的过程。走进“后课标时代”，需要更多自下而上的拓展、扩散，需要更多教育实践者成为自觉的反思者，在自身的教学实践中，与课标不断对话，进入“有标准而不唯标准”的教学境界。许卫兵老师无疑是进入这样一种教学境界的先行者，希望有更多这样的后来人。

是为序。

柳夕浪

◎ 自序

从理解到行动

从 2001 年到 2011 年，发轫于世纪之初的新一轮基础教育课程改革已经走过十年。这十年，可以看成是一个以课标为中心的时代。因为，各学科课程标准（实验稿）的研制和实施，对这场改革具有绝对“领导权”和“指挥权”。从教材编写，到教学实施，再到教学评价，各学科课程标准（实验稿）几乎就是共同且唯一的标准。

2011 年 12 月 28 日，教育部印发了义务教育阶段 19 门学科的课程标准修订稿（2011 年版），这标志着基础教育课程改革将“再出发”，一个充满挑战和希望的“后课标时代”已经来临。各学科课程标准修订前后理念与内容等方面的变化毫无疑问将会成为今后一段时期课程发展、教材调整、教学改革、教师研修中关注的重点。广大教育工作者对 2011 年版各学科课程标准精神实质的把握和贯彻落实程度，将直接决定课程改革的走向，影响其进程，关乎整个中国教育改革和发展的未来。

面对新的形势，作为一名小学数学老师，我们该怎么做？郑毓信教授在《展望“后课标时代”》一文中指出，我们应当更加重视对过去课改实践的认真总结与深入反思，包括清楚地界定我国数学教育当前所面临的主要问题，以及如何为未来的发展做好积极的准备；还应彻底改变那种“由上至下”的思维习惯与工作模式，并由传统的“理论指导下的实践”转向“反思性实践”，从而成为高度自觉的数学教育实践者。

早在 2007 年，我就开始关注数学课程标准的修订，但由于种种制约，我无法得到第一手资料，只能想方设法通过各种途径打听、了解数学课程标准的修订情况。或许是长期形成的研究习惯，凡有所得，我必追问几个“为什么”。比如，听说“基本活动经验”成为新“四基”之一，我就想到了“什么是基本活动经验”“为什么要提出基本活动经验的课程目标”“基本活动经验是怎样形成的”“如何帮助学生积累基本活动经验”“基本活动经验对于提升儿童数学素养的意义是什么”等本原性的问题；看到核心概念中增加了“几何直观”，“什么是直观”“什么是几何直观”“为什么义务教育阶段的数学课程开始提出几何直观”“小学数学教学中如何培养学生的几何直观能力”等问题便会自然而然地浮现在我脑海中。在求解这些问题时，我或查询资料，或请教专家，或自我琢磨，或组织团队教师进行研讨，不知不觉中，我的认识越来越丰富，理解也越来越深入。凭借这些认识和理解，我开始对课堂教学进行诊断、改进，丰富、鲜活的教学实践又反过来强化着我的认识和理解。

不知道这算不算是“反思性实践，”但很显然的是，在对多个问题进行这种“连环式”“刨根问底式”的研究中，我对《义务教育数学课程标准（2011 年版)》形成了诸多新认识。之后，我结合日常教学及具体课例对其进行了阐释，我的这些研究成果受到了广大教师的普遍欢迎。积累多了，我便产生了写作的冲动，并希望能借助于写作来整理自己的思绪，盘点研究的成果，提炼实践的经验，寻求更好的出路。之所以在书名中加上“数学教师”，一是因为自己多年来一直从事小学数学教育教学研究，所看、所想、所为基本局限在小学数学的圈子里，我的文字就是一个普通的一线小学数学教师“发出的声音”；二来希望自己的思考和实践能引发更多的小学数学教师参与对话，在思维碰撞中生发智慧，形成共识，共同提升课程教学水平，进而找到前行的路。

天空没有留下鸟的翅膀，但我已飞过！我的想法，就是如此简单。

许卫兵

目录

Contents

上篇 课标精髓解读

第一章 顶层理念

数学学科教学具有超学科性，培养学生的创新精神和实践能力不仅是学生成长的需要，也是民族振兴、国家强盛的需要，我们在研读和实施《义务教育数学课程标准（2011年版)》时，切忌远离这些顶层理念。

第二章 核心目标

《义务教育数学课程标准（2011年版)》将提升学生的“四基”（基础知识、基本技能、基本思想、基本活动经验）与增强学生的“四能”（发现和提出问题的能力、分析和解决问题的能力）作为数学课程的总目标，体现出了在继承中发展的思想。

第三章　主要变化

在《义务教育数学课程标准（2011年版）》中，数学观、课程内容观、数学教学观等表述上的变化，适应了教学实际和课程发展的需要；教学内容及相应教学要求的变化，体现了从实际出发、理论与实践相结合的思想；核心概念的增删与名称变化，蕴含着深层的意义。

下篇

教学实施指导

第四章　小学数学教学的基本理解

研读课标，研讨教学，都是在为教学做“热身”，最终都要转化为教学行动。而要确保教学行为的有效性，就应该了解小学数学教学的本质和特点，在正确理论的指导下开展数学教学。

第五章　“数与代数”的教学实施

“数与代数”是义务教育阶段数学课程的重要内容，在教材内容中所占比重最大。在教学实施过程中，应关注教材

上篇 课标精髓解读

Ke Biao Jing Sui Jie Du

为了在数学教学中更好地体现“育人为上”“以学生发展为本”的教育理念，培养学生的创新精神和实践能力，2011年，数学课程标准修订组专家对《全日制义务教育数学课程标准（实验稿）》(以下简称《课程标准（实验稿)》进行了修订。修订后的《义务教育数学课程标准（2011年版)》(以下简称《课程标准（2011年版)》）将提升学生的“四基”与增强学生的“四能”作为数学课程的总目标；从教学实际和课程发展的需要出发，变更了数学观、课程内容观、数学教学观等的表述，并对一些教学内容及相应的教学要求进行了增删和调整；改变了“符号感”“数据分析观念”等原有核心概念的名称，并新增了“几何直观”“运算能力”“模型思想”“创新意识”等核心概念。

第一章　顶层理念

第一节　学科教学的超学科性

数学课程标准的修订和实施，看似只是一个学科领域内的话题，但如果仅是立足于数学学科本身来思考问题，那就有失偏颇了。因为教育是整体的，为了便于实施才不得不分学科进行。任何学科教学都必须自觉地指向教育的终极目标——人的成长，使教育成为实现人的全面发展不可或缺的部分，这就使得任何学科教学都具有超学科性。

肖川先生曾提出："在狭隘的学科观念背景下，过分地局限于本学科知识与内容，不仅会禁锢教师自身思想的自由驰骋，也不利于我们培养视野开阔、才思敏捷、具有雄浑浩博的哲学气质的人才……先进的教育理念应该是把教学过程视为：知识的建构＋情感丰富、细腻的纯化＋态度与价值观的形成和完善以及思想的升华＋智慧能力的培养。"① 基于此，我认为数学教学要体现出超学科性，就要站在教育的高度来定位数学的课程价值。

《课程标准（2011 年版）》将《课程标准（实验稿）》中的课程理念"人人学有价值的数学，人人都能获得必须的数学"调整为"人人都能获得良好的数学教育"，落脚点是"数学教育"而不是"数学"，就充分体现了"我们所倡导的数学课程观的核心理念是超越学科逻

① 肖川．教育的理想与信念［M］．长沙：岳麓书社，2002.

辑自身而在数学育人上所作出的一种价值判断和价值追求”[1]。

从教育的高度来看学科教学，我们就会更多地关注到人——关注学生在数学学习过程中是否学得有兴趣，是否主动参与，当下的学习是否有“后劲”，是否能发挥长效影响……而不是让课堂从头到尾充斥着机械的知识灌输和枯燥的技能训练，不是简单地满足于让学生会做题、做对题。

从根本上说，学科教学的超学科性就是在学科教学中要充分体现“育人为上”“以学生发展为本”的教育理念。如果在你的课堂上，总是高高飘扬着这样的旗帜，那你的数学教学就一定会显得大气、超然。

第二节　创新精神与实践能力

十年前基础教育课程改革启动之时，《课程标准（实验稿）》中就明确提出以培养学生的创新精神和实践能力为改革方向，《课程标准（2011 年版）》不仅延续了这一目标价值取向，而且还有所强化，全文共有 20 处出现“创新”一词。对此，我们可以从三个方面来理解：

一是客观地回顾十年课改之路，虽然我们在培养学生的创新精神和实践能力方面有所成效，但做得还很不够，和预期差距较大，有必要予以强化。

二是培养学生的创新精神和实践能力不只是学生成长的需要，更是民族振兴、国家强盛的需要。《国家中长期教育改革和发展规划纲要（2010－2020 年）》提出，未来十年我们要从教育大国向教育强国、从创造大国向创新强国、从人力资源大国向人力资源强国迈进。实现这样的目标，最需要的就是人才——具有创新精神和实践能力

① 史宁中主编．义务教育数学课程标准（2011 年版）解读［M］．北京：北京师范大学出版社，2012.

的人才。

三是《课程标准（2011 年版）》中提到的“创新”，几乎涉及课程价值、课程性质、课程目标、课程理念、课程内容、课程实施、课程评价等所有方面。比如，在课程价值方面，提到“数学教育既要使学生掌握现代生活和学习中所需要的数学知识与技能，更要发挥数学在培养人的理性思维和创新能力方面的不可替代的作用”；在课程性质方面，直接提出“培养学生的创新意识和实践能力”；在课程目标方面，提到要使学生“具有初步的创新意识和实事求是的科学态度”；在课程内容方面，提到综合与实践内容设置的目的在于“培养学生综合运用有关的知识与方法解决实际问题，培养学生的问题意识、应用意识和创新意识，积累学生的活动经验，提高学生解决现实问题的能力”；在教学建议方面，提到“激发学生的学习潜能，鼓励学生大胆创新与实践”“在设计教学方案、进行课堂教学活动时，应当经常考虑如何组织学生探索，鼓励学生创新”；在课程资源开发与利用方面，提到“有条件的学校可以建立‘数学实验室’供学生使用，以拓宽他们的学习领域，培养他们的实践能力，发展其个性品质与创新精神”……最为重要的是，《课程标准（2011 年版）》中将“创新意识”新增为核心概念，并明确指出“创新意识的培养是现代数学教育的基本任务，应体现在数学教与学的过程之中。学生自己发现和提出问题是创新的基础；独立思考、学会思考是创新的核心；归纳概括得到猜想和规律，并加以验证，是创新的重要方法。创新意识的培养应该从义务教育阶段做起，贯穿数学教育的始终”。

如此全方位地“重拳出击”，清楚地表明“培养学生的创新精神和实践能力”处在何等重要的位置。在我们的潜意识里，或许有不少人早已习惯将其看成是一种口号、一个标签，但事实远非如此。无论过去我们对此抱有什么样的态度，而今，每一位教师在学科教学中都应该自觉地承担起这份责任。这不只是理念，更是一种信念！

还记得十年前有专家在解读《课程标准（实验稿）》时曾说过这样的话：“为了中华民族的复兴，为了每位学生的发展。”现在想来，培养学生的创新精神和实践能力就是民族振兴、人才发展的根基和支柱。课标修订的精神实质和重要变化大都指向于此，因此，我们在研读和实施课程标准时，切忌远离这些顶层理念，同时也不能忘记黎巴嫩诗人纪伯伦曾经的告诫：我们已经走得太远，以至于忘记了为什么而出发。

第二章　核心目标

第一节　从“双基”到“四基”

让学生“获得适应社会生活和进一步发展所必需的数学的基础知识、基本技能、基本思想、基本活动经验”是《课程标准（2011年版）》设定的义务教育阶段数学课程的总目标之一。著名特级教师张天孝评价说：“这是数学教育目标现代演变的一个主要标志。”那么我们该如何看待课程目标从“双基”变成“四基”？新增加的“基本思想”和“基本活动经验”的具体含义是什么？它们具有怎样的教育意义和价值？有哪些实施途径？解答好这些问题，可以让我们的教学思路更清、方向更明、措施更实。

一、“双基”变“四基”：在继承中发展

我们只要稍作对比就很容易发现，“双基”变“四基”并不能简单地理解成“2+2”的叠加。早在2001年新一轮基础教育课程改革启动时，《课程标准（实验稿）》中就曾多次提到数学“基本思想”和“基本活动经验”。比如，在课程目标中，明确提出“通过义务教育阶段的数学学习，学生能够获得适应未来社会生活和进一步发展所必需的重要数学知识（包括数学事实、数学活动经验）以及基本的数学思想方法和必要的应用技能”；在基本理念中，明确指出“教师应激发学生的学习积极性，向学生提供充分从事数学活动的机会，帮助他们在自主探索和合作交流的过程中真正理解和掌握基本的数学知识与技能、数学思想和方法，获得广泛的数学活动经验”；在资源开

发和利用中，明确提出“为所有学生提供探索复杂问题、多角度理解数学思想的机会，丰富学生数学探索的视野”。

十年过去了，虽然这些要求在一定程度上得到了贯彻和落实，但是与我们的期望差距还很大。因此，《课程标准（2011 年版）》将“基本思想”和“基本活动经验”作为核心概念单独提出来，意在进一步强化人们对其的理解，以期引发教学实践者的广泛重视，切实将其付诸行动，从根本上改变数学教学的现状。

二、“四基”：相对独立又有机统一

“四基”中四个“基”的含义不同。“基础知识”之“基”，是奠基的意思。学习数学知识如同建房，一层楼不建好，二层楼就上不去，小学阶段不学习整数、小数、分数，到了初中，有理数体系就难以建立。“基本技能”之“基”，是初步的意思。幼儿园、小学、初中、高中学习数学都离不开“算”，虽同样是“算”，但是运算的要求越来越高，幼儿园和小学阶段形成的乃是初步的运算技能。“基本思想”之“基”，是核心、关键的意思，是指在数学这门学科从无到有、从小到大直至变成今天这样的庞大体系的发展历程中，起到关键作用的那些思想，也就是数学赖以发展的核心思想。“基本活动经验”之“基”，则是直接、朴素的意思。这里的活动，不是一般意义上的教学和解题活动，而是需要学生参与其中的数学探索活动，是在具体的问题情境中“做”数学的活动，故而隐含其中的经验大多还是直接的、具体的、朴素的经验。

“四基”虽有不同的含义和指向，但它们同时又具有统一性。基础知识（包括数学的基本概念、定理、公式、法则、方法等）和基本技能（包括运算、推理、作图等）都是显性的，是对象和结果，往往可以通过量化进行检测和评价，且基础知识和基本技能可以相互促进，相互转化；而基本思想、基本活动经验都是隐性的，是“过程里面蕴含的数学知识”（在很大程度上属于缄默知识），是数学素养的重要标志。四者的统一性体现在数学教学和学生的数学学习是密切联系、相互交融的，没有基础知识、基本技能的习得作为前提，基本思想和基本活动经验就成了无源之水、无本之木；没有了基本思想和基本活动经验的渗入，基础知识和基本技能的学习就会降到技术层面，犹如浮萍，没有根基。

“四基”目标的整体实现，是学生受到良好数学教育的标志，它对学生的全面、持续、和谐发展有着重要的意义。

三、基本思想：抽象、推理、模型及其派生体系

数学思想是数学科学发生、发展的根本，是研究数学所依赖的基础，也是数学课程教学的精髓。数学思想的内涵十分丰富，且名目繁多。作为教过多年小学数学的教师，我对数学思想并不陌生，一张嘴就能说出一长串：对应思想、假设思想、符号化思想、数形结合思想、极限思想、化归思想、转化思想……然而，当《课程标准（2011年版）》提出“数学的基本思想”时，我还是产生了不少疑问：数学的基本思想有哪些？为什么说它们是“基本”的呢？教学中如何实现让学生感悟数学基本思想的目标呢？将“基本思想”纳入“四基”，有何特别的意义？

数学课程标准修订组专家在解读《课程标准（2011年版）》时提及，数学的基本思想主要包括数学抽象的思想、数学推理的思想、数学模型的思想。人类通过数学抽象，从客观世界中得到数学的概念和法则，建立了数学学科；通过数学推理，进一步得到大量结论，数学科学得以发展；通过数学建模，把数学应用到客观世界中，产生了巨大效益，又反过来促进数学科学的发展。[①]

细细琢磨，数学抽象、数学推理、数学模型的确是在数学发展历程中起着关键作用的核心思想，没有它们，数学就难以发展成今天这样庞大的体系。比如，作为数学符号的数字“1”原本是不存在的，

① 史宁中主编．义务教育数学课程标准（2011年版）解读［M］．北京：北京师范大学出版社，2012.

自然界中有的只是路边的一棵树、身边的一个人、手上的一本书、桌上的一壶茶……当人们懂得结绳记事、刻图计数并创造性地用符号语言来表达这些事物的共同数量特征后，自然数“1”就产生了，这个过程就是数学抽象。当人们面对的事物的数量变成两个后，自然数“2”就产生了；依此类推，“3”“4”“5”……不断产生，自然数序列就形成了。后来，“0”产生了；再后来，负数产生了；于是，有理数系就逐步形成了。这个过程就是数学推理，或者说是融合了数学抽象和数学推理的演变过程。当自然数“1”产生后，这个“1”就不只代表产生它的那些有限的事物了，凡是数量上是单一的，都可以用“1”来表示，“1”也就成为一种模型，这就是数学模型。由此，我想到东北师范大学孔凡哲教授的生动解释：“数学抽象”是说数学从哪儿来，讲“入口”问题；“数学推理”是说数学自身的发展；“数学建模”是强调数学最后怎么办，讲“出口”问题。

数学课程标准修订组专家还指出，数学的基本思想就是众多数学思想中具有本质性特征和重要性地位的一些思想，它们处于较高的层次。在《课程标准（2011 年版）》中，不仅“课程目标”和“课程理念”中蕴含着数学基本思想，“课程内容”中同样蕴含着数学基本思想。《课程标准（2011 年版）》里每个知识条目中和“经历”“体验”“探索”有关的内容都涉及思想（当然也不仅仅是思想，还有方法、经验、知识、技能），数学基本思想无处不在。

有了上述理解，我们再来分析提出数学基本思想的价值。中央民族大学的孙晓天教授从三个方面对此作了解释。

第一，以基本思想为目标，把基本思想显性化，使学生通过自己的发现习得新的数学知识，在探究过程中领悟数学概念和方法的来龙去脉及用途。这方面恰恰是我们以前做得不足的地方，现在得以改进。

第二，基本思想本身反映了作为成长载体的教育的价值，即使那些可以普遍迁移的兴趣、好奇心、洞察力、质疑能力、反思能力、合作精神、创新精神等内化为学习者自身的知识财富。正如某位学者所说，数学思想是“将具体的数学知识都忘掉以后剩下的东西”。有思想的数学学习过程能够让学生在学习了数学以后，整体素质得到提高，无论将来从事何种职业，当时留下的好奇、探究、质疑的种子都将继续在其体内成长，为其发展提供帮助。

第三，有助于促使教育实践者改进教学方法，从而改变学生“只听不想、只学不问、只知不识”的学习状态；促使教学实践者重新审视“教什么”“怎么教”“教得怎么样”等根本性问题，为其转变教学模式、教学观念、教学行为提供支点。

总之，数学基本思想的提出给我们每个教师加了一份责任，只有明确知道这些思想的价值，并将其转化为实实在在的教学行为，数学课堂教学才会更有效果，数学课程改革才会水到渠成。

四、基本活动经验：有穿透力的过程性目标①

“基本活动经验”中最核心的词是“经验”。经验之于教育、学习及学生成长的重要性是显而易见的。杜威在其《民主主义与教育》中提出，教育是一种生长，生长的具体过程和内在机制可以概括地表述为“经验的改组或改造”，这个过程不是一个通过灌输实现的被动过程，而是在个人积极主动地参与共同生活的过程中能动地实现的。金生鈜教授在《理解与教育》中谈及：“课程就是学生经验增长、意义建构和精神发展的基础。课程在进行的过程中，为学生展开了一个丰富的生活世界，学生在其中自由想象、创造、学习、理解、交流、游戏、活动等。伴随着课程的运行，学生的经验不断得到增长，学生的精神不断地扩展和升华。”哲学博士殷鼎在《理解的命运》中更是将之提升到生命成长的高度，认为：“经验对人生有一种持久的意义，它不仅通过记忆和体验保存下来人生的价值和意义，也随着记忆进入人对生活的理解，随时影响各人对人生的认识”。然而，由

① 本部分参考了《江苏教育（小学教学版）》2011 年第 12 期本人主持的“基本活动经验的理解与行动”专题中马云鹏、刘加霞等专家的文章。

于经验具有内隐性、个体性，并处在流动、变化和更新之中，我们似乎总是很难将其看得清清楚楚，说得明明白白。

其实，从“经验”的英文单词“experience”可以看出，谈“经验”一定要强调“过程”，因为“experience”本身还有经历的意思，离开“过程”也就不存在“经验”。在实际教学中，“经验”与“过程”密不可分，不存在独立于知识、技能的数学活动经验，经验就是在获得这些基本知识和技能、培养数学能力的过程中积淀下来的体验和感受。也就是说，数学活动经验多是在数学活动过程中获得的。那么，数学活动有哪些呢？

数学活动的内涵非常丰富。从操作与数学认知的层面看，数学活动主要包含如下几方面：数学的实验操作活动、算法规则的操作练习活动、数学的思维活动，以及关于数学的交流活动。张奠宙先生认为基本的数学活动还应该包括模式直观、解题经历、数学想象力、数学美学欣赏等。数学课程标准修订组专家则认为，数学活动“既包括学生在课堂上学习数学时的探究性学习活动，也包括与数学课程相联系的学生实践活动；既包括生活、生产中实际进行的数学活动，也包括数学课程教学中特意设计的活动……教师的课堂讲授、学生的课堂学习是最主要的数学活动。此外，还有其他形式的数学活动，例如：学生的自主学习，调查研究，独立思考，合作交流，小组讨论，探讨分析，参观实践，以及作业练习和操作计算工具，等等”[①]。

对“数学活动”理解的多样性，导致到目前为止各专家对“基本活动经验”的定义还没有一个明确的界定，大家可谓是仁者见仁，智者见智。有专家认为，数学活动经验是在数学目标的指引下，通过对具体事物进行实际的操作、考察和思考，从感性向理性飞跃所积淀下来的认识；也有专家认为，数学活动经验，专指对具体、形象的事物进行具体操作所获得的经验，以区别于通过广义的数学思维所获得的经验；还有人认为，数学活动经验是指学习者在参与数学活动

① 史宁中主编．义务教育数学课程标准（2011年版）解读［M］．北京：北京师范大学出版社，2012.

的过程中所形成的感性知识、情绪体验和应用意识。诸多说法虽有差异，但有一点是相同的，那就是与数学概念、数学技能等显性知识相比较，数学活动经验是一种缄默知识，它包含了对数学的情感、态度、价值观以及对数学美的体验，也包含了渗透于活动中的数学思考、数学观念、数学精神等，还包含处理数学对象的思维方式、行为方法等。

对概念的掌握是指既知道这个概念的内涵和外延，又能运用这个概念解决实际问题。对数学基本活动经验的理解决不能停留在理解定义上，更重要的是要在教学实践中落实这一概念。这就要求我们必须明白数学基本活动经验是怎样形成的。

美国学者科尔比认为，经验获得至少要经过获得具体经验、反思性观察、抽象概括、主动实践这四个阶段，并在这四个阶段的循环过程中完成。

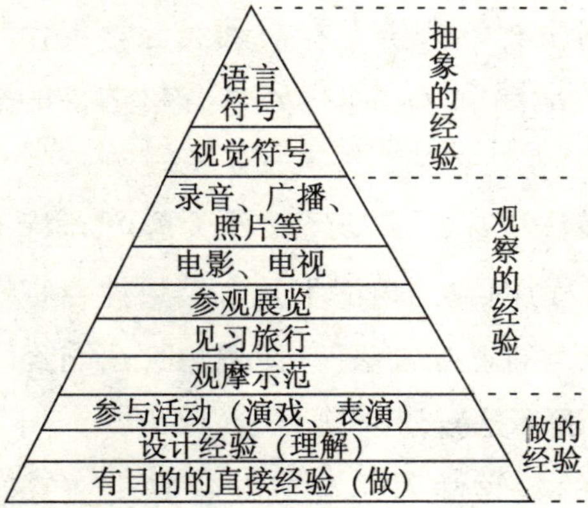

图 2.1

20 世纪上半叶，戴尔提出了“经验之塔”理论（如图 2.1），并在 20 世纪 60 年代末进一步完善了该理论。他认为经验就是学习的途径，一切学习均应从经验中学习，最好是从直接参与的动作性经验学习开始，以获得直接经验，当直接经验无法获得时，应该在观察中形成替代性经验，以弥补、替代直接经验的不足。

布鲁纳认为，教学过程首先应从直接经验入手（动作表征），然后是经验的映象性表象（表象表征），再过渡到经验的符号性表象（符号表征）。教学中的数学活动应该尽可能遵从学生“已有经验—直接经验—经验的符号性表象”的经验获得过程。

综合上述几位研究者的观点可以看出，经验的获得需要“领悟”

与"转化"：先通过参与具体活动（也可以是替代性的视觉观察）直接领悟并获得具体经验，然后通过回顾、反思等内在的思考，将所经历的活动内化为能够理解的、合乎逻辑的、抽象的经验，最后在解决新问题时运用、验证之前所获得的经验，重新领悟并创造新的经验。经验的积累就是在这样不断循环往复的过程中实现的。

数学学科本身就是以经验为基础不断发展与完善的，因此，学生的数学学习也应该从现实经验中抽象出数学概念和结构。这一过程既是基于学生已有的经验，又是对数学活动经验的不断改组与完善。有效的数学学习必定是在新的问题情境中运用已有的知识经验来成功处理新信息、解决新问题的活动，并以学生领悟经验、反思经验、改造经验、丰富经验为目的。学生的数学活动经验对于数学活动的顺利进行、数学思想方法的领悟、学生数学观念的形成和创新能力的培养，以及学生的全面发展等均有着十分重要的作用。从这一角度来看，在教学中着力帮助学生积累数学基本活动经验，不仅对学生的数学学习具有方法论上的指导意义，而且还具有超学科的引领价值。

综上所述，将帮助学生积累数学基本活动经验作为教学目标的根本意图是为了强调教育的"过程性目标"，而不是"结果性目标"。因为"思想感悟与经验积累决定人的思维方法"，而思想感悟与经验积累是"悟出来的，想出来的，而不是教会的"。

这样的过程性目标对学生的数学学习乃至成长都具有"穿透力"。说它有"穿透力"，是指它不只是基于当下的数学学习，更指向长远的未来发展。因为数学活动经验并不仅仅是实践的经验，也不仅仅是解题的经验，更重要的是思维的经验，是在数学活动中思考的经验。而创新所依赖的正是思考，是数学活动中的创造性思维。史宁中教授在论及创新能力时指出："创新能力依赖于三个方面：知识的掌握、思维的训练、经验的积累，三方面同等重要。"尽管我们很难直接传授创造的经验，但是，数学活动应该为学生提供更多的创造机会，让他们触摸创造的嫩芽，积累更多具有创造潜质和基质的活动经验。

如此来定位基本活动经验的价值，便可以清楚地看到《课程标准（2011 年版）》为落实“培养学生的创新精神和实践能力”这一顶层理念所做出的重要贡献。

第二节　从“两能”到“四能”

所谓“两能”，就是指分析问题的能力和解决问题的能力。这是我国在 20 世纪 70 年代数学教学大纲中就提出的数学能力培养的重点。在这种方向的指引下，我们的课堂教学通常是教师给学生出题，让学生来分析和解决问题，教师以“善于提问”为能耐，学生以“会解题”为本领。2003 年，《普通高中数学课程标准（实验稿）》开始提出“提高数学地提出、分析和解决问题（包括简单的实际问题）的能力”，并把它作为数学课程的目标之一。“提出问题的能力”从此得到前所未有的重视。《课程标准（2011 年版）》则将“增强发现和提出问题的能力、分析和解决问题的能力”（“四能”）作为数学课程总体目标的表述内容，提出要求学生“初步学会从数学的角度发现问题和提出问题，综合运用数学知识解决简单的实际问题，增强应用意识，提高实践能力。获得分析问题和解决问题的一些基本方法，体验解决问题方法的多样性，发展创新意识”。

数学课程目标从“两能”扩展为“四能”，是出于何种考虑？简单地说，就是为了更好地落实“培养学生的创新精神和实践能力”这一育人理念。不妨回想一下，在我们周围的各类人中，哪种人最聪明呢？肯定是这一类人：当大家都被人蒙骗时，他警觉地发现了其中的陷阱；在大家都看不出问题的时候，他首先发现了问题。从创新的角度来看，问题是创新的基础，创新意识和创新能力强的人，不只是能分析问题、解决问题，更主要的是能发现问题、提出问题。

从数学学习的角度来看，学习数学必须有问题意识，没有问题意识就学不好数学。我们在学习中不仅要能解决别人提出的问题，更要提出自己的问题。我们在学习数学的定义、概念时，最好能追问为什么要学习它，它与前面所学的知识有什么联系，它与实际生活有什么联系；在学习数学技能、方法、思想时，更需要深入发问，在解答的过程中不断思考，不断理解。具体地讲，所谓“发现问题”，就是经过多角度的思考，从表面看来毫无关系的一些现象中找到某些数量或空间方面的联系或矛盾，并把这些联系或矛盾提炼出来。所谓“提出问题”，就是在已经发现问题的基础上，把找到的联系或矛盾用数学语言、数学符号集中地以“问题”的形式表述出来。相对于“分析问题”和“解决问题”而言，“发现问题”和“提出问题”时，“已知”和“未知”间的联系都是隐蔽的、不清楚的，所以难度更大、要求更高，但其对于培养学生的创新意识和创新精神是至关重要的。因此，数学课程目标从“两能”变成“四能”体现了数学课程对时代、对人才培养要求的主动适应。“这是数学课程目标的一个发展，其实质就是要重视创新，重视学生创新意识的培养，这应该成为基于时代发展要求之下的数学教育的魂。”①

“数学教育的魂”，这应该是《课程标准（2011 年版）》所有修订内容所获得的评价中最高的一个了。成为灵魂的东西不能只是口号，还要落地、生根，转变为教学行为，转化成一股成长的动力。那么数学课程目标从“两能”转向“四能”后，我们的教学要做哪些改变呢？

我想到了教学方式。尽管在课改之初我们就提出“学生是学习的主体，教师是学习的组织者、引导者与合作者”，但客观上，教师的“组织者”身份要比“引导者”“合作者”强势得多，“教师教，学生学”依然是当今课堂教学的主流。在多数情况下，教师为学生营造了一个个生动的情境，学生只是这些情境中的“演员”；教师设计了一个个活动，学生只是这些活动中机械的“操作工”；学生整节课都

① 史宁中主编．义务教育数学课程标准（2011 年版）解读［M］．北京：北京师范大学出版社，2012.

在探究、释疑、解决问题，然而这些问题都不是他们自己提出的，更不是贴近学生学习需求的……这种以教师为中心、学生围着教师转的课堂教学即使重复一百次、一千次、一万次，也无法催生学生的问题意识，发展学生的创新能力。数学课程目标从“两能”变成“四能”，首先要求我们改变教学方式，从“教路优先”转变为“学路优先”，从“以教定学”转变为“以学定教”，从根本上消除课堂教学中教师“主宰”“控制”的意识，改变学生“顺从”“依附”的地位。只有当学生持有一种“主动介入”的态度时，“发现问题、提出问题继而分析问题、解决问题”的课程目标才有生根、发芽、开花、结果的可能。

我想到了教学结构。在我们的习惯思维中，那种环环相扣、顺顺当当、行如流水的课就是好课，特别是一些公开课、展示课、评优课，主讲者精心打磨，反复推敲，将教师说的每一句话都设定好，将每一段教学时间的安排都精确到几分几秒。很显然，这样的课堂是不允许也不可能让学生有太多自由发挥的，更不要说让学生自己去发现问题，研究、探索、解决问题了。从本质上来讲，这样的数学课堂依然是“目标由老师圈定，问题由老师给定，方式由老师规定”的“师本”课堂。数学课程目标从“两能”变成“四能”，就是要求我们对传统的课堂进行解构和重构。我想，我们能否变“顺流而下”为“逆流而上”？所谓“逆流而上”，就是课堂从一开始就进入问题情境，有一半学生对所提出的问题感到“纳闷”，少数人有那么点经验、想法，能做点解释、说明，为数不多的人能有解决的办法，课堂教学就从这“为数不多的人”入手，在不断地对话、交流、思考、探究中燃起“燎原之火”，让学生经过生疑、释疑、梳理、概括、提升等过程，逐步理解数学知识和掌握数学技能，并感悟数学思想，积累数学活动经验。这样的课堂层次比较简单，既扣住了大框架，又不拘泥于细节，有助于把教师从繁复的课堂讲解中解放出来，把学生推到前台，让质疑、争辩、补充、修正等充盈其间，从而在师生、生生的多维互动中，实现师生的共同成长。

我想到了教学评价。评价是一根指挥棒，尤其是对于小学生来说，他们的自我确认意识薄弱，往往都是从别人"眼里"看自己。你说他（她）好，他（她）就认为自己真的好；你对他（她）哪个方面特别肯定，他（她）就会在哪个方面表现得更加突出；你向哪个方向引导，他（她）就会向哪个方向走。数学课程目标从"两能"变成"四能"，要求教师要特别注意保护学生的好奇心和质疑精神。学生可能一下子无法把问题说得很清楚，这就需要教师耐心引导。教师鼓励学生提问应该贯穿在教学的各个环节之中，课堂、课间、活动……全面覆盖。问题可以是学生自己的困惑、困难，也可以是学生自己的一些发现。如果教师能围绕"四能"设计出专门、系统、科学的教学评价体系和具体的操作实施办法，那么教学评价将会对教学发展起到巨大的推动作用。

我还想到了教学的环境和氛围。发现问题、提出问题能力的培养是需要氛围的，需要发问的"气场"，需要以真诚为基础的包容和赞赏，教师要鼓励学生大胆提问、大胆发表自己的观点、大胆讨论。

其实，改变教学方式也好，调整教学结构也好，转变教学评价也好，优化教学环境和氛围也好，归根到底，是要改变观念，转变思维方式，真正认识到数学课程目标从"两能"变成"四能"的特殊意义，通过点点滴滴的教学行动来切实培养学生的问题意识，并逐步提升学生的创新意识。只有做到这些，我们才能说它已经成了真正的"数学教育之魂"。

第三章　主要变化

第一节　“观”念表述之变

作为纲领性的文件，《课程标准（2011 年版）》的涉及面是很广泛的，有思想方面、理念方面、内容方面、操作实施方面……可谓包罗万象，无所不及。不过，“容量”虽大，却也只能在有限的一百多页内容中呈现，故而，有些内容只能通过三言两语简约地表达出来，需要我们用一颗细致而又敏感的心来捕捉和体会，才能从“一滴水里看到一个世界”“一片树叶里看到整个秋天”。在《课程标准（2011 年版）》所涉及的诸多观念中，数学观、课程内容观、数学教学观等可圈可点，我将在下文着重介绍。

一、数学观

简单地讲，如何看待数学、理解数学，就是数学观。数学课程标准不能不涉及数学观，因为这是数学课程的基石。十年前，我看《课程标准（实验稿）》时，一下子便被前言的第一句话吸引了，这句话是：“数学是人们对客观世界定性把握和定量刻画、逐渐抽象概括、形成方法和理论，并进行广泛应用的过程”。为何该标准对“数学”的描述一改往日的经典定义——数学是研究数量关系和空间形式的科学呢？后来，在某些学者对《课程标准（实验稿）》的解读中我看到了这样一段解释：

虽然很多实际工作者希望《标准》有一个关于数学的简单而且强有力的定义，但显然《标准》对数学没有采取简单定义的方法。因为数学不仅是一门知识，更是人类实践活动创造的产物，是由诸多元素构成的多元结构；社会与文化不仅推动着数学的发展，同时数学也是推动社会与文化发展的关键性因素；对数学的认识不仅要从数学家关于数学本质的观点中去领悟，更要从数学活动的亲身实践中去体验；数学发展的动力不仅要从历史的角度度量，更要从数学与人和现实生活的联系中去寻找。无论如何，仅仅用“研究现实世界数量关系和空间形式的科学”来刻画数学或生硬地背诵这些语句已经远远不够了。①

而今，打开《课程标准（2011年版）》，前言中的第一句话就是：“数学是研究数量关系和空间形式的科学”。恩格斯的这个经典定义为何在十年之后又回到了课程标准中呢？这两种不同的定义有何区别？我们不妨采用语文中的缩句法来作一个简单的比较。“数学是人们对客观世界定性把握和定量刻画、逐渐抽象概括、形成方法和理论，并进行广泛应用的过程”，可缩句为“数学是过程”；“数学是研究数量关系和空间形式的科学”，可缩句为“数学是科学”。数学确实是“过程”啊，是人们发现、发展、发明的过程，是不断传承、不断发展、不断丰富、不断完善的过程，数学学习强调过程与方法，也就是表明数学学习和数学发展有着“过程”的一致性。不过，数学也确实是“科学”啊，是具有独特价值的自然科学体系。那么这两种表述到底谁对谁错？我认为，这两种表述都没有错，它们只是从不同的角度来描述数学而已。既然都没错，那为何又改来改去的呢？据相关专家说，《课程标准（2011年版）》对《课程标准（实验稿）》中的表述进行了调整，并不是因为原来的说法错了，而是因为这些说法一时还没有成为公认的说法，在没有成为公认的说法之前，还是选用经典的解释比较好。当然，无论怎样界定，事实上，数学已经成为科学、文化、艺术、思维等多种元素的复合体，只有从多角度、多方面来理解数学观，我们才能建立起真正、完整的数学观。为了让大家对

① 数学课程标准研制组．全日制义务教育数学课程标准（实验稿）解读［M］．北京：北京师范大学出版社，2002.

数学观有更加清晰的认识，我在此摘录《课程标准（2011年版）》修订组专家的一段解释：

数学本身是一个历史的概念，数学的内涵随着时代的变化而变化。然而纵观数学的全部历史，人们可以达成这样的共识：尽管经过由古到今的漫长发展，现代数学已是一个分支众多的庞大的知识系统，但整个数学始终是围绕着“数”与“形”这两个基本概念的抽象、提炼而发展的。数学在各个领域中千变万化的应用也是通过这两个基本概念而进行的。需要说明的是，这里所说的数量关系和空间形式，并不限于现实世界，而是包括一切可能的数量关系和空间形式：它们既可以来源于现实世界，也可以是数学自身逻辑的产物。《课程标准（2011年版）》对什么是数学的这一陈述（作者注：也就是“数学是研究数量关系和空间形式的科学”），反映了以往作为自然科学传统学科之一的数学发展到我们这个时代所经历的深刻变化。[①]

我个人认为，通过这样的对比研究，我们可以从深层次上建立多维、立体、动态的数学观。

二、课程内容观

《课程标准（2011年版）》在“课程基本理念”部分，将数学课程内容由原来的六部分内容合为五部分。具体内容比照如下：

实验稿　数学课程——数学——数学学习——数学教学——评价——信息技术

修订稿　数学课程——课程内容——教学活动——学习评价——信息技术
【新增】　【合并】

“课程内容”是《课程标准（2011年版）》中新增加的。具体要求为：“课程内容要反映社会的需要、数学的特点，要符合学生的认知规律。它不仅包括数学的结果，也包括数学结果的形成过程和蕴

---

① 史宁中主编．义务教育数学课程标准（2011年版）解读［M］．北京：北京师范大学出版社，2012.

含的数学思想方法。课程内容的选择要贴近学生的实际，有利于学生体验与理解、思考与探索。课程内容的组织要重视过程，处理好过程与结果的关系；要重视直观，处理好直观与抽象的关系；要重视直接经验，处理好直接经验与间接经验的关系。课程内容的呈现应注意层次性和多样性。”

这五句话可以归结为一点，那就是好的数学课程内容一定是社会、数学、学生三者的有机统一。“什么样的原料就烧出什么样的菜”，从课标到教材，从教材到教学，从教学到评价，每一个环节中课程内容的选择与组织都十分重要。长期以来，谈起数学课程内容的选择，大家都比较关注具体的、客观的、内涵确定的、边界明晰的数学结论，相对忽视了这些结论形成的数学过程；比较关注处于显性形态的数学事实，而相对忽视了处于隐性形态的数学思想和方法；比较关注遵循数学知识的逻辑，而相对忽视了如何才能有利于学生的理解，为学生主动地从事观察、实验、猜测、推理与交流等数学活动提供适宜的学习材料；比较关注课堂内的教学实施，而相对忽视了对课外学习及活动的引导和指导。我们对课程内容的理解不能“窄化”到仅仅理解《课程标准（2011年版）》中所列举的内容和标准，而要有更加开阔的视野和灵活的思维。同时，我们还应重视过程，过程与结果并举；重视直观，直观与抽象兼容；重视直接经验，直接经验与间接经验交互。这些是我们选择数学课程内容时需要审慎对待的三组基本关系。

值得一提的是，新课程改革以来特别强调数学学习的过程观，三维目标中的“过程与方法”就是很好的说明。“数学是人们对客观世界定性把握和定量刻画、逐渐抽象概括、形成方法和理论，并进行广泛应用的过程”这一表述也在一定程度上体现了“过程”的价值。随着“课程”的含义从原先的“跑道”向“跑的过程和经历”的拓展，“课程”理念也从近代认识论的传统体系走向以实践为取向的变革，即“过程”也是课程，它不仅是“课程目标”的一部分，也是“课程内容”的一部分，“课程结果”的一部分。这样来看，教学过程中教师的言谈举止、学生的合作探究、师生间的平等对话及和睦关系等都成了课程内容，拥有课程的意义和价值。

三、数学教学观

《课程标准（2011年版）》中“课程基本理念”部分虽然将《课程标准（实验稿）》中的“数学学习”“数学教学”合并为“教学活动”，但在内容上二者基本保持一致。“教学活动是师生积极参与、交往互动、共同发展的过程。有效的教学活动是学生学与教师教的统一，学生是学习的主体，教师是学习的组织者、引导者与合作者”这一表述，不仅仅是对数学教学的要求，也是对各门学科教学的要求，具有跨学科、超学科的特点。

开展教学活动好比表演“东北二人转”，学生和教师，无论是少了一方还是双方配合不好，都难以演绎出精彩。在过去的十年课改中，我们对“儿童”的关注是比较突出的。“新课程的出发点和归宿就是：尊重儿童、理解儿童、关心儿童。促进儿童的发展是现代教育核心价值的定位，儿童立场应该是现代教育的根本立场。好的教育一定是符合儿童身心发展规律的。无论何种教育，归根结底只有通过儿童自身的选择与建构，才有可能真正形成儿童发展（包括知识、技能、情意、态度、品性等的发展）的现实。”① 当立足经验、关注差异、注重生成、倡导合作探究等清新之风吹进数学课堂后，学生的主动性和积极性越来越高，教师也更加关注学生在学习过程中的表现，教学已经在向尊重、民主、开放、自由的方向发展。相比而言，教师的整体发展水平却没有跟上。

好教师才能成就好课堂，“正确看待教师的主导作用”成了《课程标准（2011年版）》提出的新问题。本次修订，更多地凸显了数学的学科本位：“基本思想”“基本活动经验”“数学模型”“几何直观”

---

① 王艳玲．儿童本位：中国课程发展的转型——钟启泉教授访谈［J］．基础教育课程，2010，(1～2)．

"符号意识""数据分析观念"等核心概念的提出，算盘、扇形、常见的数量关系等内容的复归，"充分考虑数学自身的特点，体现数学的实质""重视学生已有的经验，使学生体验从实际背景中抽象出数学问题、构建数学模型、寻求结果、解决问题"等课程设计思路的明确，都充分体现了数学的学科特色。当然，此次修订也突出了对儿童数学学习的重视，几乎所有的内容调整和要求变更都是基于儿童的知识体系、现实背景、身心特征、学习规律而进行的，是对"儿童"的服从。"数学"与"儿童"相辅相成，有机统一，同等重要。作为数学教师，我们教的是数学，面对的是儿童，好的数学教师总是能在数学和儿童之间搭起一座畅通无阻的学习之桥。很难设想一个数学素养不高，对儿童心理特点把握不准，对教学艺术不精通的数学教师能营造出好的数学课堂氛围。

《课程标准（2011 年版）》的重要贡献还在于它指明了数学教学中最需要做的事情，即"数学教学活动应激发学生兴趣，调动学生积极性，引发学生的数学思考，鼓励学生的创造性思维；要注重培养学生良好的数学学习习惯，使学生掌握恰当的数学学习方法"。这段话中的关键词有"兴趣""积极性""数学思考""创造性思维""学习习惯""学习方法"。为什么不提数学"基础知识""基本技能"？它们不重要吗？其实，这并不是说"基础知识""基本技能"不重要，而是说它们还排不到"最需要"的位置上。那为什么说"兴趣""积极性"等是"最需要"的呢？因为它们在学生的数学学习中具有很强的"催化""助力"作用，并能产生长效影响，能让学生在数学学习之路上走得更远，让他们的生活更加精彩。不过，这些"最需要"做的，恰恰也是最难做的，因为它们不像显性的知识和技能那样可以直接"教"，而是需要在知识和技能的学习中慢慢地去滋养、孕育、培植。在数学教学中做到了这些"最需要"做的事情，我们才可以说"学生的数学学习是一个生动、活泼、主动和富有个性的过程""人人都能获得良好的数学教育"。

鱼儿离不开水，瓜儿离不开秧，数学教学和数学学习原本就是一个不可分割的整体。以上种种观点只是刻画了这个整体的不同侧面，它们最终都要被整合进具体的教学行动中，融化在教师的智慧里，渗透到学生的生命中。

第二节　内容要求之变

相对于课程目标、理念、观念的调整，教学内容及其相关要求的变化就比较明确、具体、细致了。《课程标准（2011 年版）》除了将原有四个领域中的“空间与图形”“实践与综合应用”分别改为“图形与几何”“综合与实践”外，在内容及相关要求方面也有所变化，这些变化可以概括成：内容有所减少，难度适当降低，要求普遍提高。

结合《课程标准（2011 年版）》、数学实验教材，我将小学阶段数学学习内容的增删、要求的调整等主要变化整理如下：

	第一学段	第二学段
数与代数	◎知道用算盘可以表示多位数。（增） ◎能进行简单的整数四则混合运算（两步）。（增） ◎能口算一位数乘除两位数。（增） ◎能结合具体情境，选择适当的单位进行简单估算，体会估算在生活中的作用。（调） ◎能结合具体情境，比较两个简单小数的大小，能比较两个同分母分数的大小。（调）	◎比较百分数的大小，探索小数、分数和百分数的关系。（删） ◎在具体情境中，了解常见的数量关系：总价＝单价×数量，路程＝速度×时间；能解决简单的实际问题。（增） ◎经历与他人交流各自算法的过程，并能表达自己的想法。（增） ◎结合实际情境，了解简单的等量关系，并能表达自己的想法。（调） ◎将“理解等式的性质”这一要求改为“了解等式的性质”。（调）

（续表）

<table>
<tr><th></th><th>第一学段</th><th>第二学段</th></tr>
<tr><td>图形与几何</td><td>◎体会并认识“平方分米”。（增）
◎在方格纸上“画出一个简单图形沿水平方向、竖直方向平移后的图形”“画出简单图形的轴对称图形”“会看简单的路线图”“平方千米”“公顷”等内容全部调整到第二学段。（删）
◎将“认识东北、西北、东南、西南”的要求降为“知道这些方向，会用这些词语描绘物体所在的方向”。（调）
◎将“辨认从正面、侧面、上面观察到的简单物体的形状”的要求降低为“能根据具体事物、照片或直观图辨认从不同角度观察到的简单物体的形状”。（调）</td><td>◎了解两点确定一条直线和两条相交直线确定一个点。（删）
◎认识扇形。（增）
◎了解圆的周长和直径的比为定值。（调）</td></tr>
<tr><td>统计与概率</td><td>◎通过实例，认识统计表和象形统计图、一格代表一个单位的条形统计图，并完成相应的图表。（删）
◎知道可以从报刊、杂志、电视等媒体中获取数据信息。（删）
◎与可能性有关的所有内容。（删）
◎“平均数”“不确定现象”等内容调整到第二学段。（删）</td><td>◎体会数据可能产生误导。（删）
◎与中位数、众数相关的知识。（删）
◎降低了“可能性”部分的要求，只要求学生体会随机现象，并能对随机现象发生的可能性大小作定性描述。（调）</td></tr>
<tr><td>综合与实践</td><td colspan="2">◎进一步明确“综合与实践”的内涵、特征、实施要点：“综合与实践”是一类以问题为载体，以学生自主参与为主的学习活动；在综合与实践活动中，学生将综合运用“数与代数”“图形与几何”“统计与概率”等知识和方法解决问题；应当保证每学期至少开展一次综合与实践活动，可以在课堂上完成，也可以在课外完成，还可以课内外相结合；“综合与实践”的教学，重在实践、重在综合；问题的选择、教学的展开过程、学生的参与方式及合作交流方式、活动过程与结果的展示等是教师在教学设计和实施时应特别关注的环节；实施过程要成为提高教师自身素质以及学生素质的互动过程；等等。</td></tr>
</table>

根据整理情况，我们可以初步对“内容有所减少，难度适当降低，要求普遍提高”进行解读。

内容有所减少。在第一学段，有关不确定现象的内容全部被删除，原因是这个阶段的学生理解不确定现象有难度，不容易理解事情发生的可能性，加之原有教材中编排的层次不是很清晰。在第二学段，删除了“中位数”“众数”“求一些简单事件发生的可能性”以及与此相关的各种要求，将这些内容全部上调到初中学习，主要原因是这些内容的难度较大，小学阶段的学生难以深入理解。第二学段还删除了“了解两点确定一条直线和两条相交直线确定一个点”，因为这一内容比较抽象，与生活的联系也不是很密切，对小学生提出这个要求意义不大。

难度适当降低。删减内容主要是为了降低难度，除了某些计算要求相对有所提高外（这与“运算能力”被增加为核心概念相对应），其余调整大多为降低要求。比较小数的大小、估算、掌握等量关系、认识面积等都要求“能结合具体情境”“结合实例”“结合实际情境”，避免过于抽象，其实也是为了降低难度。“画对称图形”“平均数”等内容之所以调高学习年级，也是考虑到学习的难度。

基于这样的课改要求，我们要十分警惕那种“随意拔高”的教学倾向。我常常见到一些数学教师，盯着各种练习册上的思考题不放，在课堂上大讲特讲，更有甚者，有些数学教师经常以这些提高题为蓝本来出题考学生，殊不知过犹不及，这样走极端反而不利于学生的发展。

要求普遍提高。有人可能会想，内容减少了，难度降低了，怎么要求又普遍提高了呢？这里面有矛盾吗？实际上一点都不矛盾。所谓“要求普遍提高”，可以从这几个方面来理解：

一是大的课程改革背景变了，课程总目标也变了，从“双基”变成了“四基”，从“两能”变成了“四能”，“创新精神和实践能力”得到了极大的关注，这些理念都是要通过具体内容的教学来体现和实现的。即便是那些未调整的教学内容，而今所承载的教学意义也变得更加丰富了，要求自然也就提高了。

二是《课程标准（2011 年版）》中突出了数学学科的本质内涵，

体现出较强的向学科本身回归的特色。像“建模教学”“几何直观”等原先出现在初中、高中数学教学中的核心概念现在都坐着“降落伞”一下子落到了小学，而且在一年级的教学中就要有所体现；“统计和概率”等概念的丰富内涵有待数学教学进一步挖掘；“综合与实践”若想走出原来的困境，尚需要我们大胆实践，不断提炼经验；如何在数学教学中真正实现“人人都能获得良好的数学教育，不同的人在数学上得到不同的发展”，更需要在时间的长河中细细琢磨，慢慢研究……如此种种，随着《课程标准（2011 年版）》的颁布和实施，都将给小学数学教学带来新的挑战。

三是数学课程标准修订中的每一点变化，都有着特殊的意蕴，要理解这些变化中蕴含的意思，自然要提高要求。比如算盘，作为计算工具，它已经过时了，但是作为中国古代人民智慧的象征，作为传统文化的载体，它仍在熠熠发光。《课程标准（2011 年版）》将相关内容增入其中，正是为了传承、保护传统文化，而这无疑对小学数学教学提出了全新的、更高的要求。

第三节　核心概念之变

为了更加突出课程内容的本质，无论是《课程标准（实验稿）》还是《课程标准（2011 年版）》中都提出了与课程内容有关的核心概念，这样的核心概念在《课程标准（实验稿）》中是 6 个，而《课程标准（2011 年版）》增加到 10 个。

实验稿　数感、符号感、空间观念、统计观念、应用意识、推理能力

修订稿　数感、符号意识（修改）、空间观念、几何直观（新增）、数据分析观念（修改）、运算能力（新增）、模型思想（新增）、应用意识、推理能力、创新意识（新增）

这些核心概念虽然和数学各领域的内容没有明确的隶属关系，

但是却和数学各部分内容的教学紧密关联。提出核心概念的意义可以概括为：第一，它们是学生在义务教育阶段的数学课程中最应该培养的数学素养，是促进学生发展的重要因素；第二，核心概念往往是一类课程内容的核心或聚焦点，理解这些核心概念有利于我们把握课程内容的线索和层次，抓住教学的关键，在数学教学中有意识地去培养学生的数学素养；第三，这些核心概念本质上体现的是数学抽象、数学推理、数学建模的基本思想，如与“数与代数”领域内容直接关联的数感、符号意识、运算能力、推理能力和模型思想等核心概念就不同程度地体现了抽象、推理、模型的基本思想；第四，这些核心概念是数学课程的关注重点，也应该成为数学课堂教学的目标，并通过教学一一予以落实，仅从《课程标准（2011 年版）》中的教学目标设定来看，“建立数感、符号意识和空间观念，初步形成几何直观和运算能力”“发展数据分析观念，感受随机现象”“发展合情推理和演绎推理能力”“体验解决问题方法的多样性，发展创新意识”等目标的表述几乎涵盖了所有的核心概念。

核心概念从 6 个变成 10 个，并不只是简单的数量增加，只要我们仔细琢磨，就会发现其中的“韵味”很足：“符号感”“统计观念”为何改名为“符号意识”和“数据分析观念”？原有的“空间观念”拆解成了现在的“空间观念”和“几何直观”，而“几何直观”原是高中数学课程改革提出的核心概念，现在为何“降落”到了小学？同样，“模型思想”原本是在初中数学才作为明确的教学要求的，小学阶段又该如何渗透模型思想、开展建模教学呢？这些都是摆在小学数学教师面前的新问题。思想决定行为，眼界决定境界。只有对上述问题有了清楚的认识，我们的教学才能朝着理想的方向前进。下面我重点就名称与内涵有较大变化的 2 个核心概念和新增加的 4 个核心概念谈谈自己的理解。

一、从“符号感”到“符号意识”

（一）符号：数学学科的独特语言

毫无疑问，我们生活在一个充满符号的世界，交通标志、产品商标、食品包装等中各类符号比比皆是。与其他符号不同，数学符号语言（包括简单的数字符号，也包括由现代数理逻辑研究所发展起来的完整的符号系统）是人们经过慎重选择，精心设计的。它们不仅有着特定的意义，而且自成体系。凭借着数学语言的严谨性、简洁性、可操作性，人们可以自由地表达数学思想，不断丰富数学研究的成果，推动数学科学向前发展。正如克莱因在《数学与知识的探求》中所说：“如果没有符号体系，数学将迷失在文字的荒原中。”随着数学在社会生产和日常生活中的应用越来越广泛，功用越来越强大，数学的符号语言也将越来越重要。从这一点来看，儿童学习数学，必须要将数学符号作为重要的学习内容，要走进独特的数学符号世界。“符号感”也好，“符号意识”也好，都表达了这样的要求。这也在一定程度上体现了数学这门学科的特质。

（二）意识：数学素养的更高层次

为何要将“符号感”改为“符号意识”？要想回答这个问题，就得先看看它们有何不同。二者概念不同。“符号感”是人们运用符号进行数学思考、表达数学观点、解决数学问题时的直觉或感觉，是一种潜意识或浅意识。“符号意识”是人们在感知、认识、运用数学符号时所作出的一种主动性反应，它是一种积极的心理倾向。二者程度不同。打个不太恰当的比方，一个小伙子，有了找女朋友的“感觉”时，有人给他介绍女朋友，他就会跟在后面去见见，被动的成分多一些；如果他有了找女朋友的“意识”，那他就会主动去找人帮他介绍女朋友。将“符号感”改为“符号意识”，意在强调学生主动理解和运用符号的心理倾向。我们再来作一个对比。

《课程标准（实验稿）》	《课程标准（2011年版）》
符号感主要表现在：能从具体情境中抽象出数量关系和变化规律，并用符号来表示；理解符号所代表的数量关系和变化规律；会进行符号间的转换；能选择适当的程序和方法解决用符号所表达的问题。	符号意识主要是指能够理解并且运用符号表示数、数量关系和变化规律，知道使用符号可以进行运算和推理，得到的结论具有一般性。建立符号意识有助于学生理解符号的使用是数学表达和进行数学思考的重要形式。

通过比较可以发现，《课程标准（2011年版）》将原来“符号感”的第一点“符号表示”、第二点“理解符号”整合成了“符号意识”的第一点，去掉了“符号感”中的第三、四点，从而更加突出“符号表示”的作用，强调“符号转换”等可以作为运算能力和推理能力的一部分。值得一提的是，“符号意识”增加了第二点，突出了符号的价值，即数学要研究一般性问题，一般性问题需要通过符号来表示、运算和推理，且通过符号运算和推理得到的结果具有一般性。

这就是说，学生在数学学习中不仅要知道有哪些数学符号，知晓每种符号的用途，能运用数学符号进行简单的表达，更要形成数学符号是数学之“灵魂”这样一种认识，并在这种认识的推动下建立鲜明的符号意识。这样的要求比原来要求更高，更有学科本色。发展学生的“符号意识”是在培养和发展更高层次、更高水准的数学素养。

（三）孕育：意识培养的必由之路

符号意识的培养是一个渐进的过程，对小学生而言，更加要凸显符号意识培养的阶段性和基础性。数学教师应在不断唤醒的过程中，让学生感悟符号的存在、价值和功能，并逐步走向用符号来进行创造性学习的理想道路。

1. 唤醒自觉

发展学生的符号意识首先要让学生亲近符号，接受、理解符号。现在的学生从记事起就开始接触数学符号了，比如他们小时候玩的积木里就有三角形、长方形、正方形、平行四边形等图形符号，他们接受的启蒙教育大多是从认识“1”“2”“3”等数字符号开始。进入幼儿园后，他们又接触了更多的数学符号，比如运算符号“＋”“－”，关系符号“＝”等。这些数学符号虽然经常被学生挂在口头，用在笔端，但是他们并未将之上升到“符号”的意义。作为数学教师，我们需要告诉学生这些都是数学符号，数学符号与数学学习密不可分，并且让他们知道，他们已经在运用数学符号了，他们写的数字、画的图形、画的线段、用的字母等都是数学符号。当然，直接的告诉都是很苍白的，没有什么教育效果，我们还需要通过形象的手段和方法来加深学生的感受，唤醒其直观自觉。比如，“＋”“－”“×”“÷”是四个基本的运算符号，教师在教学时可以借助于动画来演示每个符号的意义及其相互间的关联：“＋”就是在“－”的基础上再增加“｜”；“－”就是将“＋”中的“｜”去掉；“×”可以看成是“＋”右旋转45°；“÷”则是用短横线“－”来平均分。再比如关系符号，“＝”是学生接触的第一个关系符号，也是其他关系符号的基础。如图3.1所示，“＞”“＜”可以看成是改变“＝”的两条平行直线，一头张大而另一头聚拢后形成的，两根手指就能动态地表示出这种变化关系；而“≈”和“≠”也可以看成是“＝”的演变。可见，数学符号也是一种“象形文字”，简洁、生动、形象、传神，具有促进理解、帮助记忆的教学功能。

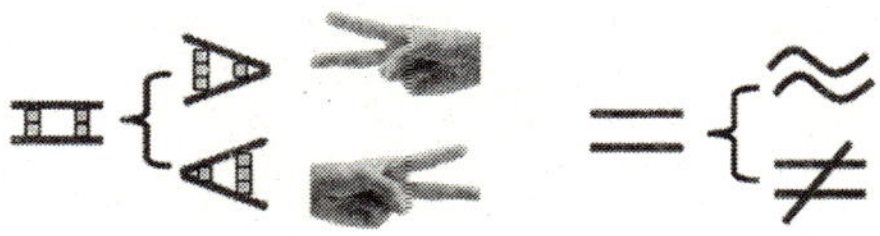

图3.1

2. 感受与领悟

培养学生的符号意识要特别注重让学生感悟用符号表达的优势与作用，让学生经历符号产生、运用、推广、建模的过程。每一个数学符号的诞生，背后都凝聚着数学工作者艰辛的努力，凝聚着人类的智慧。在数学学习过程中，我们一方面要引导学生对每一个符号产生好奇心，感受符号的不同内涵；另一方面也要让学生对数学符号的抽象性、简洁性、模型性有所领悟，感受数学符号系统的优越性。比如，我们在讲授加法交换律时，从生活中某一具体实例引入后，可以让学生寻找更多的例证，并尝试着用不同的符号来表示这一规律，最后再将文字表达、图形表达、字母表达等不同表达方式进行对比，凸显字母表达的优势。通过这种“慢镜头”展开，学生会对符号的意义和价值有更多的体验和感悟，这一方面会提升他们的“内在自觉”，另一方面也为他们进入自由创造奠定了基础。

3. 创造与历练

人类发展的最高境界是进入自由创造。培养学生的符号意识，也应该让他们不断地进行“自我创造”（相对于其自身从未习得的知识、方式、方法等）。在创造与历练的过程中，学生的符号意识才能真正地扎根、开花、结果，从而才能催生创造意识，培育创新精神。

总的说来，在理论上，提出培养学生的符号意识是对数学学科本质特征的一次强化；而在实践上，培养学生的符号意识需要低起点，慢渗透，重体验，强历练，用系统思想来帮助学生循序渐进地建立符号意识，以促使他们更好地理解数学，从而爱上数学。

二、从“统计观念”到“数据分析观念”

“统计”是小学数学课程中早就有的内容。新课程改革之前的大纲教材中，单式统计表、复式统计表、条形统计图、折线统计图、扇形统计图等都是常规学习内容。或许是传统的力量太强大了，当课改后的数学课程中增加了“概率”并将“统计与概率”作为一个独立的领域后，很多教师还是习惯性地将“统计”和“概率”分开来看，认为“统计”就是研究统计表、统计图，“概率”就是研究可能性，二者联系不大，甚至油水分离。单单一个“平均数”，从原来作为一类典型的应用题调整为要求我们从统计学的角度来认识它，至今都已经十几年了，但是在大大小小的家常课、公开课、展示课中，又有多少人真正地揭示了它作为一种“数据的代表”的统计意义呢？《课程标准（2011年版）》中将“平均数”的学习阶段从第一学段调到第二学段，不是说小学三年级的学生在学习“移多补少”“相加求和再平均”等求平均数的方法时有困难，而是因为他们对平均数的统计学意义理解起来有困难。

“统计”固然需要整理数据、计算平均数、绘制图表，但整理数据、计算平均数、绘制图表并不是“统计”的全部，更不是“统计”的核心。这是多年来我们对小学数学课程中“统计”概念的最大误解，这种误解，阻碍了我们去寻找“统计”与“概率”之间的关联。那么“统计”的核心是什么？是数据分析！正如我国著名学者史宁中所说的：“数据是信息的核心，这个载体包括数，也包括言语、信号、图像，凡是能够承载事物信息的东西都构成数据，而统计学就是通过这些载体来提取信息进行分析的科学和艺术。”

下表列举了《课程标准（实验稿）》和《课程标准（2011年版）》中对“统计观念”和“数据分析观念”的阐述。

《课程标准（实验稿）》	《课程标准（2011年版）》
统计观念主要表现在：能从统计的角度思考与数据信息有关的问题；能通过收集数据、描述数据、分析数据的过程作出合理的决策，认识到统计对决策的作用；能对数据的来源、处理数据的方法，以及由此得到的结果进行合理的质疑。	数据分析观念包括：了解在现实生活中有许多问题应当先做调查研究，收集数据，通过分析作出判断，体会数据中蕴含着信息；了解对于同样的数据可以有多种分析的方法，需要根据问题的背景选择合适的方法；通过数据分析体验随机性，一方面对于同样的事情每次收集到的数据可能不同，另一方面只要有足够的数据就可能从中发现规律。数据分析是统计的核心。

由上表可以看出，将“统计观念”改为“数据分析观念”后，由于凸显了“数据分析”这一核心，在内涵和要求上都有了比较大的变动。

变动之一：核心词由“统计观念”变为“数据分析观念”，原来是围绕“统计”来思考问题，认识统计对决策的作用，对统计过程作出评价；现在是围绕“数据分析”来展开，要求更加明确，并且点明了统计的核心是数据分析。

变动之二：沟通了“统计”与“概率”的联系，突出了统计与概率研究中独特的思维方式：体会数据中蕴含着信息，根据问题的背景选择合适的方法，通过数据分析体验随机性。点明了数据随机性最主要的两层含义：一是对于同样的事情每次收集到的数据可能不同，二是只要有足够的数据就可能从中发现规律。

如何更好地来理解这些变动?

首先，从生活教育的角度来看。义务教育的重要目标是培养适应现代生活的合格公民。随着科学和信息技术的发展，无论是日常生活还是社会生活中，都充满了承载着大量信息的“数据”，人们需要对这些“数据”进行梳理，作出判断，从而合理决策。数据分析能力逐渐成为在信息社会生存和生活的一项重要的基本技能。因而，“数据分析观念”一开始就提到“了解在现实生活中有许多问题应当先做调查研究，收集数据，通过分析作出判断，体会数据中蕴含着信息”，是非常具有时代意义和育人价值的。

其次，从数学概念的本质来看。统计学是建立在数据的基础之上的，本质是通过数据进行推断。而要通过数据进行推断，首先要有数据。收集和整理数据的过程，也应该是“数据分析观念”的重要之义，因为这里面就蕴含着对数据的具体感受性、直觉判断性、精确洞察性等智慧因子。不同的数据，可以有不同的推断方法。“即便是同样的数据，也允许人们根据自己的理解提出不同的推断方法，给出不同的推断结果……从这个意义上说，统计学不仅是一门科学，也是一门艺术。”（史宁中）这也正是“数据分析观念”中提到的“了解对于同样的数据可以有多种分析的方法，需要根据问题的背景选择合适的方法”的理论支撑。对于习惯了用“对”或“错”来评价万事万物的我们来说，要确立起“好”与“坏”的评价思维是需要下大功夫的。

第三，从数学知识间的融通来看。我们知道，推断性数据分析的目的是要通过数据来推测产生这些数据的背景（这个背景称为“总体”）。如果“总体”是我们未知的，那么通过一定的数据（样本、实验结果等）可以推断“总体”。举个例子，一枚硬币，仅凭手感或肉眼观察，我们是无法确定它正、反两面的质地是否均匀的。这时，我们可以通过抛硬币的方式来进行数据统计。如果多次实验下来，正、反面朝上的次数比较接近，那么我们就可以得出“这枚硬币质地基本均匀”的推断；如果实验时正面朝上的次数明显较多，那么我们就可以得出“这枚硬币质地不太均匀”的推断。再比如摸奖，奖券中的奖到底是怎么设置的呢？这里面肯定是有“谱”的，只是这个“谱”我们并不知道。我们可以通过观察实际摸奖情况来进行推断，如果连续几个人从同一个盒子里摸出的奖券都中奖了，且都是三等奖，那我们就可以初步推断：这个盒子里的奖券每张都有奖，但一、二等奖设置得极少。有了这些认识，我们就可以进一步理解“数据分析观念”中所说的“通过数据分析体验随机性”，理解“对于同样的事情每次收集到的数据可能不同，只要有足够的数据就可能从中发现规律”。这就在“统计”和“概率”之间架起了桥梁。

综合以上分析，要理解将“统计观念”改为“数据分析观念”的意义，关键在于：一是要培养学生的数据分析意识；二是要能够选择适当的方法收集和分析数据，体会数据蕴含的信息；三是要通过数据分析体验随机性。

数据分析观念主要体现在“统计与概率”这一领域，教学中该如何体现和发展学生的数据分析观念将在第七章中具体介绍。

三、新增核心概念之“几何直观”

“几何直观”是2003年《普通高中数学课程标准（实验稿）》中提到的一个关键词，原文是这样的：“几何学是研究现实世界中物体的形状、大小与位置关系的数学学科。认识空间图形，培养和发展学生的空间想象能力、推理论证能力、运用图形语言进行交流的能力，以及几何直观能力，是高中阶段数学课程的基本要求。”

这段话告诉我们：第一，几何直观是一种能力，是人在数学学习中的一项本领；第二，这种能力是与空间想象能力、推理论证能力、运用图形语言进行交流的能力并列存在的；第三，它是高中课程的基本要求。

大多数小学数学教师，明白“几何”，也常用“直观”，但却对何为“几何直观”感到有些纳闷。相关专家的一些论述，或许可以让我们对此有基本的认识。美国著名数学家、数学教育家、数学史家克莱因说：“数学的直观就是对概念、证明的直接把握。”芬兰数学家、数学教育家弗莱登塔尔说：“几何直观能告诉我们什么是可能重要、可能有意义和可接近的，并使我们在课题、概念与方法的荒漠之中免于陷入歧途之苦。”我国数学家徐利治先生认为：“直观就是借助于经验、观察、测试或类比联想，所产生的对事物关系直接的感知与认识……几何直观是借助于见到的或想到的几何图形的形象关系产生对数量关系的直接感知。”

从这些描述中，我们可以获得以下认识：

(1)“几何直观”中的“几何”就是图形。图形以其直观的形式容易为人们所接受，是人们无穷无尽的直觉的源泉，也有助于研究数学和解决问题。

(2)“几何直观”是解决某些数学问题时所采用的一种思维方式，这种思维方式是以几何图形为工具的。

(3) 解决某些问题时，不是运用几何中常用的论证方法，而是通过经验、观察或想象，直观感知问题的结果或方向。

从以上分析我们可以知道，“几何直观”与我们常听到的“直观几何”不是一个概念。前者是一种思维方式、一种解决问题的方法，而后者是一种几何学习（认知）的模式。

同时，我们也可以明确“几何直观”与“数形结合”间的关系。我们知道，“数形结合”是借助于直观的“形”来理解抽象的“数”，或反过来运用“数”与“式”的描述来刻画“形”的特征，它好比是架设在“数”与“形”之间的一条双向通道。相对而言，“几何直观”则是一条由“形”出发的特殊通道，这条通道不仅仅通向“数”，还通向各种数学问题的解决。可见，“几何直观”与“数形结合”虽有一定的联系，却并非同一意义。

举一个例子来说明，我们就可以对“几何直观”有更清楚的认识：

三年级学生要学习同分子分数的大小比较，这部分知识相对比较抽象，学生较难理解。此时，如果我们从几何入手，呈现（或引导学生自主得出）如图 3.2 所示的图形，无须解释，无须讨论，学生通过观察，就能直观地理解“分子相同的分数，分母小的反而大”这个定理。这种解决问题的思维方式，我们就可以称之为几何直观法。

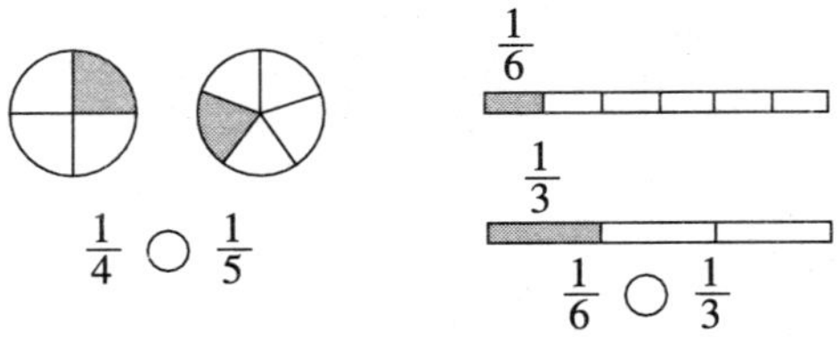

图 3.2

我们还可以通过对比《课程标准（实验稿）》和《课程标准（2011 年版）》中的“空间观念”和“几何直观”的内容来进一步加深对“几何直观”的理解。

《课程标准（实验稿）》	《课程标准（2011 年版）》
空间观念主要表现在：能由实物的形状想象出几何图形，由几何图形想象出实物的形状，进行几何体与其三视图、展开图之间的转化；能根据条件做出立体模型或画出图形；能从较复杂的图形中分解出基本的图形，并能分析其中的基本元素及其关系；能描述实物或几何图形的运动和变化；能采用适当的方式描述物体间的位置关系；能运用图形形象地描述问题，利用直观来进行思考。	空间观念主要是指根据物体特征抽象出几何图形，根据几何图形想象出所描述的实际物体；想象出物体的方位和相互之间的位置关系；描述图形的运动和变化；依据语言的描述画出图形等。
	几何直观主要是指利用图形描述和分析问题。借助几何直观可以把复杂的数学问题变得简明、形象，有助于探索解决问题的思路，预测结果。几何直观可以帮助学生直观地理解数学，在整个数学学习过程中都发挥着重要作用。

通过比较可以发现，《课程标准（2011 年版）》中“空间观念”的含义只是《课程标准（实验稿）》中“空间观念”含义的一部分，范围变小了。而《课程标准（实验稿）》“空间观念”中的“能运用图

形形象地描述问题，利用直观来进行思考”变成了现有标准中的“几何直观”。由此我们也可以说，现有的核心概念“空间观念”“几何直观”是原“空间观念”一分为二的结果。

毫无疑问，几何直观具有十分重要的价值。它“可以把复杂的数学问题变得简明、形象，有助于探索解决问题的思路，预测结果。几何直观可以帮助学生直观地理解数学，在整个数学学习过程中都发挥着重要作用。”这是《课程标准（2011 年版）》将它增加为核心概念的重要原因。当然，这并不是唯一原因，至少还有三个其他方面的原因值得一提。

一是学生方面的原因。小学生的思维以形象思维为主，他们喜欢丰富多彩的图形世界，喜欢用涂鸦、画画的方式来表达内心的想法。图形是他们沟通生活世界和数学世界的最好桥梁，也是他们逐步地、深入地认识数学、理解数学、运用数学的载体。数学能力强的学生在解决问题时，都会不由自主地想到画图。教师给学生讲解题目时常常发现千言万语抵不上一个图示。故而，对学生几何直观能力的培养顺应了儿童的天性。

二是课程方面的原因。如今，数学课程设计正在走向多元化，强调知识之间有机融合、依赖几何直观的“直观型”课程已经成为数学课程设计的主流之一。我国现有的课程已经把几何直观看成是贯穿高中数学课程的线索之一。从函数的图像教学、利用单位圆理解三角函数到导数的图像判断，从不等式的直观解释到线性规划，再加上数系扩充中的复数、概率统计中的直观图，以及向量的使用等都充分表明“代数”和“几何”的边界正在被消融。至于几何课程设计，就更离不开几何直观了，而且这种理念正在向初中“蔓延”。既然几何直观是高中数学教学中必不可少的工具，那么最为基础的小学数学教学就应该自觉地顺应这种变化，主动承担起对培养学生的几何直观能力应尽的责任，要充分利用几何直观来揭示研究对象的性质和关系，使学生认识几何直观在数学学习中的意义和作用。

三是教学方面的原因。长期以来，小学几何教学更关注的是实验几何、经验几何和直观几何，更多的是要求学生相信自己的眼睛，教学时，教师会让学生亲自动手拼一拼、折一折、量一量，各项操作完成之后，经过不完全归纳，就可以得出一些正确的结论。比如，等底等高的圆柱和圆锥的体积关系，就是通过倒水实验得出的：将圆锥形玻璃容器中盛满水后，倒入等底等高的圆柱形玻璃容器中，连续倒三次，正好倒满。做这样的实验时，我们从未看到过有学生质疑教师的操作和结论。实际上，因为实验时谁也不能将圆锥形容器彻底“盛满”，谁也不能保证在倒水时一点都没有泼洒，所以所谓的“等底等高的圆柱体积是圆锥的 3 倍”这一结论就值得推敲。为什么没有质疑呢？根源在于之前的数学教学中我们从未让学生在直观操作时进行过抽象的理性思考。谈到几何中的理性思考，大家可能会想到证明和论证，然而，小学阶段是不需要学习证明和论证的。问题是，不学习几何证明和论证，不等于不需要适度的抽象，不等于不需要在直观中适度孕育抽象的种子。将几何直观作为义务教育阶段数学课程的核心概念，就必须对传统的几何教学观念进行调整和更改，只有将直观和抽象有机结合，才能真正实现“借助直观帮助理解、借助直观帮助描述分析问题和探索解决问题的思路、借助直观帮助预测结果和记忆结果”的目标。

需要特别注意的是，几何直观不仅体现在“图形与几何”的学习中，而且在整个数学学习的过程中都发挥着非常重要的作用。比如，利用直观模型来理解数的概念和运算的道理，借助画图来分析数量关系和解决实际问题，利用图示来刻画变量关系等，都离不开几何直观。

四、新增核心概念之“运算能力”

新课程改革以后，学生的运算能力普遍下降是不争的事实。回过头来看，《课程标准（实验稿）》在大大削减繁难的运算步骤、削弱大数目运算的同时，明确提出“教学时，应通过解决实际问题加强对运算意义的理解”“重视口算，加强估算，提倡算法多样化”“应避免将运算与应用割裂开来”等提高运算能力的要求，以顺应时代的变化与发展。但是，新课程实施以来，对小学生计算能力差的抱怨声好像从未停止过，这些抱怨有的来自小学数学教师本身，有的来自中学数学教师或学生家长。我们经常看到的情况是：有些学生不明算理，机械地照搬公式；有的学生则是不顾运算结果，盲目推演；也有的学生对提高运算能力缺乏足够的重视，他们总是以粗心、马虎作为借口；有相当多的教师只注重解题方法和思路的引导，而忽视了对运算过程的合理性、简捷性的必要指导。

尽管我们所教学生的运算能力下降了，但是，在国际上中国学生的数学能力（含运算能力）还是很强的。2009年，中国上海的学生首次参加了三年一度的经济合作与发展组织（OECD）国际学生评估项目（PISA）的测试。该项目主要评估接近义务教育末期（15岁）的学生应用所学知识和技能完成他们在今后生活中需要完成的任务，在社会中行使职责，以及持续学习的情况。此次活动的调查对象为全球65个国家和地区的47万名15岁的学生。调查结果显示，中国内地学生在阅读、数学和科学能力三个项目中都名列第一。其中，在数学能力上，中国内地学生的平均分达到了600分，超过第二名38分（注：第二名新加坡562分，第三名中国香港555分，第四名韩国546分……名次靠近的两个国家或地区均分都不超过10分）。中国内地学生成绩达到6级的比例超过25%，这也是所有65个国家和地区中最高的，美国学生达到这一标准的比例不到3%。

虽然这样的成绩“令欧美震惊”“令国人骄傲”，但我们不能因为有这样的优势，就任由学生的计算能力继续下降，毕竟，能写会算是我国小学数学“双基”传统的重要特色。我们不仅要注意培养学生的运算能力，更要透过能写会算的表层去关注运算能力背后的一些深层次的东西。比如，上海2009年经济合作与发展组织国际学生评估项目（PISA）的研究人员发现，上海学生的每周校内上课时间为28.3小时，校外上课时间为6.5小时，校内外上课时间共计34.8小时，而这还不包括学生做作业的时间。可见中国学生的课业负担是相当繁重的，大家的每周校内外上课时间比美国和芬兰等国家的学生多出 10 小时以上。在参加此次活动的全部 65 个国家和地区中，上海学生的每周校内上课时间位于第 14 位，校外上课时间为第 9 位，校内外总的上课时间列第 12 位。

再讲一个小故事。我有一个朋友的孩子在美国读三年级，这个小孩来我办公室玩的时候，我出了一道计算题给他做：9×5=□。他看了我好一会儿，都没有说出得数。很显然，他不会算这道我们二年级的学生都能脱口而出的口算题。但是，他没有回答我说“我不会!”“我们老师还没教呢!”只见他拿了一支笔和一张纸伏在我的茶几上涂涂画画。大约 40 分钟后，他抬起头告诉我：“等于 45!”我很好奇，这么长时间里他到底做了什么呢？我看到一张 A4 纸上被他写了很多的数字，画了苹果、手掌等各种各样的图形。最后一幅图是一个圆形的钟面，钟面上写了 1、2、3……12 个整时数，还把 1～9 之间的每个大格都分成了 5 小格，9～12 之间没有任何的小格线。他说：“钟面上有 9 个 5，9 个 5 加起来就是 45。”在不知道乘方口诀“五九四十五”的情况下，他经过自己的思考并联系钟面上“5 小格”的模型解决了问题。这种探究意识和研究精神是我国很多孩子所没有的。这种在运算中表现出的探究意识和研究精神是否也该纳入“运算能力”的范畴呢？

《课程标准（2011 年版）》中对“运算能力”的解释为：“运算能力主要是指能够根据法则和运算律正确地进行运算的能力。培养运算能力有助于学生理解运算的算理，寻求合理简洁的运算途径解决问题。”可见，运算能力并不只是运算速度，甚至于不必过分强调速度，它首先是要会算和算正确。会算并不是死记硬背、死搬教条，而是理解算理，并能寻求合理的运算途径解决问题。像下面方框中的这两道含有小数的乘法题，如果死搬硬套运算法则，将小数转化成分数后依据分数乘法法则进行计算的话，过程相对就比较复杂。但这种突破常规思维的做法，又不

$$0.12\times\frac{5}{7}=\frac{0.6}{7}=\frac{6}{70}=\frac{3}{35}$$

$$\frac{1}{2}\div3.5=\frac{1}{2}\times\frac{1}{3.5}=\frac{1}{7}$$

是那么轻而易举地就能想到的，它既需要基本法则做基础，又需要灵感来支撑。灵感是智慧的火花，而智慧又是不可教的，只能慢慢来培育。心理学家认为，小学是学生运算能力形成的最重要的阶段。至于如何来发展学生的运算能力，我将在第五章第二节中细谈。

五、新增核心概念之“模型思想”

在10个核心概念中，“模型思想”是唯一一个直接以“思想”来标注的。《课程标准（2011年版）》中对“模型思想”的解释是：“模型思想的建立是学生体会和理解数学与外部世界联系的基本途径。建立和求解模型的过程包括：从现实生活或具体情境中抽象出数学问题，用数学符号建立方程、不等式、函数等表示数学问题中的数量关系和变化规律，求出结果、并讨论结果的意义。这些内容的学习有助于学生初步形成模型思想，提高学习数学的兴趣和应用意识。”这里点明了模型思想的价值、建立模型思想的过程等。

前面分析数学基本思想时我谈到，数学抽象、数学推理、数学模型是最基本的数学思想，可见模型思想在数学发展和数学课程中的地位非常重要。

实际上，在《课程标准（实验稿）》中也曾多次提到“数学模型”“建立模型”。如《课程标准（实验稿）》的前言中提到“义务教育阶段的数学课程，其基本出发点是促进学生全面、持续、和谐地发展。它不仅要考虑数学自身的特点，更应遵循学生学习数学的心理规律，强调从学生已有的生活经验出发，让学生亲身经历将实际问题抽象成数学模型并进行解释与应用的过程，进而使学生获得对数学理解的同时，在思维能力、情感态度与价值观等多方面得到进步和发展。”“基本理念”部分提到“数学是人们生活、劳动和学习必不可少的工具，能够帮助人们处理数据，进行计算、推理和证明，数学模型可以有效地描述自然现象和社会现象。”“内容标准”部分中提到“‘数与代数’的内容主要包括数与式、方程与不等式、函数，它们都是研究数量关系和变化规律的数学模型，可以帮助人们从数量关系的角度更准确、清晰地认识、描述和把握现实世界。”在第三学段“教学建议”中提到“本学段的教学应结合具体的数学内容采用‘问题情境—建立模型—解释、应用与拓展’的模式展开。”我们通过梳理可以发现，在小学阶段，以前大家就认同“数学模型”这一科学事实，只是未提出具体的建模教学要求。当《课程标准（2011 年版）》将“模型思想”增加为核心概念之后，毫无疑问，我们就必须对什么是“数学模型”，什么是“数学建模”，小学数学教学中如何开展数学建模教学等问题有清晰的认识，并付诸有效的行动。

（一）“数学建模”与“数学模型”

“数学建模”（Mathematical Modelling）有着较为确定的含义，即“把现实世界中的实际问题加以提炼，抽象为数学模型，求出模型的解，验证模型的合理性，并用该数学模型所提供的解答来解释现实问题。数学知识的这一运用过程也就是数学建模。”① 这样的过程往往都不是一次性完成的，需要经历反复论证的过程（如图 3.3）。而“为了一定的目的对现实原型作抽象、简化后，采用形式化的数学符号和语言所表述出来的数学结构”就是“数学模型”（Mathematic Model），它是“数学符号、数学式子以及数量关系对现实原型简化的本质的描述”②。

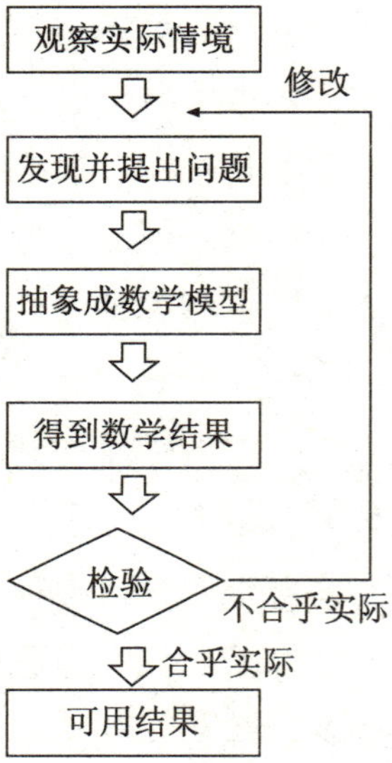

图 3.3

为了更形象地说明上述理论，我们可以引用柯朗和罗宾在《什么是数学》中曾举过的一个实例：

我们用字母来表示算术规律（如 $a+b=b+a$），“这些算术规律是很简单的，而且好像是显然的。但是它们对于整数以外的对象可

① 袁黎霞，郑学良．数学建模与数学教学改革［J］．台州学院学报，2005，(3)．
② 陈金梅，蔡惠萍．数学建模与数学教育［J］．河北广播电视大学学报，2008，(3)．

能不适用。如果 a 和 b 不是整数的符号，而是化学物质的符号；同时，如果'加'这个词正是我们平常说话中所用的那个意思，那么很显然，交换律并不总是成立的。例如，如果把硫酸加到水里，得到的结果是稀释，而把水加到纯硫酸中则会对实验人员产生灾难性的后果"。"对抽象的整数概念给出一个具体模型就能够说明规律所依据的直观基础。"比如，在方框中放一些点，一个点代表一个对象，通过这样的运算我们可以看到整数的运算定律。如图 3.4 所示，当两个整数 a 和 b 相加时，可以把相应的方框两端连起来并去掉中间的相隔线，加法的意义就通过这个直观的具体模型表现出来了。

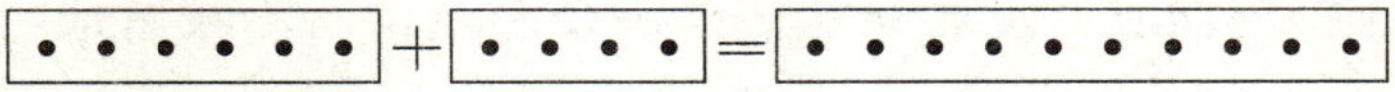

图 3.4

同样，如图 3.5 所示，a 和 b 相乘，可以把两个方框中的点排成 a 行、b 列个点，构成一个新方框：

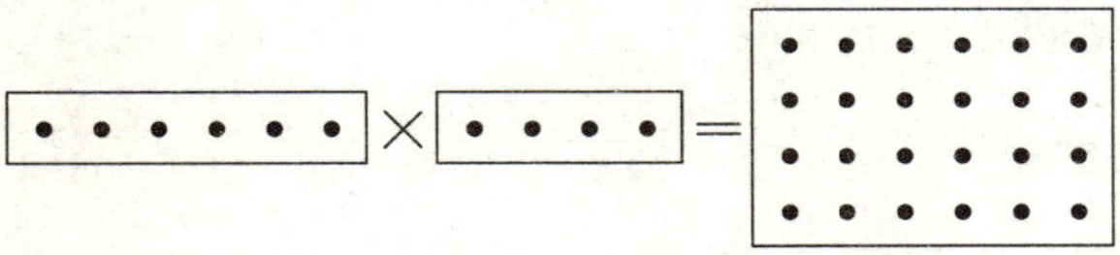

图 3.5

这样的图示，可以看成是乘法的直观模型。

张奠宙教授认为："广义地讲，数学中各种基本概念和基本算法，都可以叫作数学模型。加减乘除都有各自的现实原型，它们都是以各自相应的现实原型作为背景抽象出来的。但是，按通行的比较狭义的解释，只有那些反映特定问题或特定的具体事物系统和数学关系结构才叫作数学模型。例如，平均分派物品的数学模型是分数；元角分的计算模型是小数的运算；500 人的学校里一定有两个人一起过生日，其数学模型就是抽屉原理。"①

以这样的认识来看待小学数学教学，很显然，小学生学数学似

① 张奠宙等．小学数学研究［M］．北京：高等教育出版社，2009.

乎都不必学得这样抽象、概括，甚至可以说，小学数学教学中难以有真正的狭义的数学建模。然而，换一个角度来看，我们又应该清醒地知道“建模”“模型”对于数学、数学学习的重要价值。郑毓信教授在《数学教育哲学》一书中谈到：“就数学在古埃及、古巴比伦等地的早期发展而言，人们主要是通过观察或实验，并依靠对于经验事实的归纳获得了关于真实事物或者现象量性属性的某些认识；但是，从现今的观点看，这些只能说是一种经验的知识而不能被看成真正的数学知识，因为，真正的数学知识应当是关于抽象对象的研究……原始意义上的七桥问题，即能否一次且无重复地通过哥尼斯堡的七座桥的问题，显然只能说是一个游戏，而不被看成一个真正的数学问题；与此相反，这一问题由于欧拉的合理抽象被变形成了一般的‘一笔画’问题，并通过‘奇点’‘偶点’等概念的引进得到了十分一般的处理，从而获得了真正的数学意义。”①

由此可以看出，数学在本质上就是在不断地抽象、概括、模式化的过程中发展和丰富起来的。

（二）数学建模教学

数学的模型思想需要通过建模教学来逐步渗透，使学生不断感悟。学生学习知识的过程总是从相对简单到相对复杂，从相对具体到相对抽象，他们会在这个过程中逐步积累经验，掌握建模方法，进而形成运用模型去进行数学思维的习惯。虽然数学建模教学和实践活动在中国起步较晚，但由于有姜伯驹、李大潜院士等一批数学家自始至终的支持，有肖树铁、严士健、叶其孝、姜启源、刘来福、杨守廉、李尚志、乐经良等一大批数学家的直接参与，数学建模教学和实践活动在中国开展得非常顺利。历经近 30 年的探索，在研究生、大学、中学（特别是高中）阶段，数学建模在课程、教学、学习和实践活动等方面已经积累了一些很好的教材、经验和资源。然而，在小学阶段，开展数学建模教学活动还处于尝试阶段。

① 郑毓信．数学教育哲学［M］．成都：四川教育出版社，2001.

用数学建模的思想来指导小学数学教学，具有鲜明的阶段性、初始性特点，它更多地是指用数学建模的思想和精神来指导数学教学，要求教师在教学时要“从学生已有的生活经验出发，让学生亲身经历将实际问题抽象成数学模型并进行解释与运用的过程，进而使学生获得对数学理解的同时，在思维能力、情感态度与价值观等多方面都得到进步和发展”，在此基础上，使学生初步形成模型思想，提高学习数学的兴趣，增强应用意识。在具体的实践中，我们应注意这些：

首先，要注意对象的儿童性。小学数学建模教学首先要为学生提供一个完整、真实的问题背景，既要将现实生活中发生的与数学学习有关的素材及时引入课堂，也要善于将教材上的内容转化为学生日常生活中的思考，从而为学生将生活问题抽象成数学问题作好铺垫。

其次，要注意目标的指向性。与大学、中学、高中阶段相比，小学阶段的数学建模教学不是为了培养建模竞赛的高才生，也不是为了与初中、高中衔接而进行纯粹的数学建模方法的训练，其目标指向是希望学生通过建模更好地了解数学的本质，在“模型思想”光芒的照耀下提升数学素养。培养建模意识是首要任务，体验建模过程是核心和关键，感悟模型思想和价值是总的方向。

再者，要注意途径的多样化。在教学“方程”时，为帮助学生了解等式和方程的含义，我们为抽象的方程找到了直观的生活原型——天平：天平两边平衡，表示两边的物体质量相等；两边不平衡，表示两边物体的质量不相等。在学习“同分母分数加减法”时，当学生有了初步的运算思考后，可以用图形或符号来表示算法，借助符号化的方法对算法模型进行抽象建构。当然，除了课内学习，我们还可以通过综合实践等途径，大力倡导小课题式学习、协作式学习、开放式学习、数字化学习，让学生在自主解决问题的过程中发现模型、建立模型、应用模型，这对形成基于模型思想的数学学习方式也有很好的促进作用。

总之，模型思想的渗透是多方位的，对它的感悟应该蕴含于概念、命题、公式、法则的教学之中，并与数感、符号意识、空间观念等紧密结合。小学数学建模教学的途径也是多种多样的，但现成的经验比较少，留有很大的探究空间。

小学数学建模教学的一般程序可以归结为三个字："磨""模""魔"。

其一，"磨"。

所谓"磨"，即"琢磨"，也就是说教师首先要反复琢磨：每一具体的教学内容中隐藏着怎样的"模"？需要帮助学生建立怎样的"模"？如何来建"模"？在什么程度上来建"模"？所建的"模"和建模的过程对于学生的数学学习具有怎样的影响？……在基于建模思想的数学教学中，这些问题都是一些本原性的问题。一个教师如果从来不曾在这些方面进行过思考的话，可以肯定，他（她）的数学课堂上数学概念、命题、问题和方法等很难见到"数学模型"的影子，他（她）的学生也可能从未感受过"数学模型"的力量。

众所周知，"鸡兔同笼"问题的数学模型是二元一次整数方程，然而，在小学阶段学生并不学习二元一次整数方程。尽管如此，"鸡兔同笼"问题还是被广泛地编写进了小学数学教材中：北师大版数学教材五年级上册"尝试与猜测"中通过它来让学生学会表格列举；苏教版数学教材六年级上册将之作为一道练习题来巩固"假设和替换"的策略；而人教版数学教材则是浓墨重彩地推出该问题，在六年级上册"数学广角"中详细介绍了"鸡兔同笼"问题的出处、多种解法及实际应用。教师在教授这些内容时，如果仅是就题讲题，就课本讲课本，难免显得过于简单和浅薄。那么，对小学生的数学学习而言，"鸡兔同笼"问题是否还隐藏着其他的"模型"因素呢？我想至少有三个方面是值得关注的：一是内容层面的，即"鸡兔同笼"这类题本身的题型结构特征（告知两个未知量的和，以及两个未知量之间一定的量值关系，求未知量）；二是方法层面的，即假设法的一般解题思路（画图、列举、替换等在某种意义上都属于假设法）；三是思想层面的，即从一道具体的"鸡兔同笼"数学问题出发，在经历了解答的过程之后，能将解决它的方法和思路进行扩展运用（学习“鸡兔同笼”问题，最终的目标并不仅仅是让学生会解答一道有关“鸡兔同笼”的问题，还有其他方面的重要意义）。有了这样的理解，在教学中，我们就会引导学生在关注教材中所编排内容的同时，注意把握题目的类型、结构和类比运用，用系统的眼光来看待它的教学价值。这些，恰恰是学生到了中学后真正建立二元一次整数方程数学模型的基础。

再比如，“确定位置”的数学模型是立体坐标系。小学生在一年级接触到的“一列队伍中老爷爷排在第3个”之类的问题，其实就是一维空间上的确定位置；在二年级接触到的“小明坐在第3排第4个座位”之类的问题，其实就是二维空间上的确定位置；五年级学习的“数对”则是初步抽象的二维坐标模型。如果教师在教学中能将这一层意义渗透进去，一定能为学生将来学习立体坐标系提供很好的支持。

一个教师是否具有“模型”意识，往往决定着他（她）的教学是否深刻，是否有品质。

其二，“模”。

所谓“模”，即“建模”，也就是教师在教学中要帮助学生不断将现实问题抽象成数学模型，并进行解释和运用。对小学数学而言，建模的过程，实际上就是“数学化”的过程，是学生在数学学习中获得某种带有模型意义的数学结构的过程。以下是两位教师利用同一素材教学“减法”的片段：

【教学片段1】

（教师出示图3.6）

师：请同学们认真观察图片，说一说从图上你看到了什么。

生：有5个小朋友在浇花，走了2个，剩下3个。

师：你真棒！谁再来说一说？

生：原来有5个小朋友在浇花，走了2个小朋友，还剩下3个小朋友。

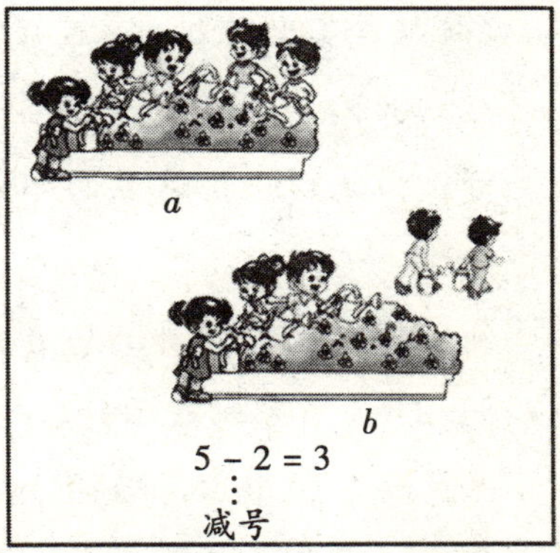

图3.6

师：很好！你知道怎样列式吗？

生：5－2＝3。

（教师听了满意地点点头，板书：5－2＝3。之后，继续教学减号及其读法）

【教学片段 2】

师：观察第一幅图，你看到了什么？

生：我从图中看到了有 5 个小朋友在浇花。

师：第二幅图呢？

生：第二幅图中有 2 个小朋友去提水了，剩下 3 个小朋友。

师：你能把两幅图的意思连起来说吗？

生：有 5 个小朋友在浇花，走了 2 个，还剩下 3 个。

师：同学们观察得很仔细，说得也很好。你们能根据这两幅图的意思提一个数学问题吗？

生：有 5 个小朋友在浇花，走了 2 个，还剩几个？

生（齐）：3 个。

师：对，大家能不能用圆片代替小朋友，将这一过程摆一摆呢？

（教师指导学生摆圆片，并请一位学生将圆片摆在情境图的下面）

师（结合情境图和圆片说明）：5 个小朋友在浇花，走了 2 个，还剩 3 个；从 5 个圆片中拿走 2 个，还剩 3 个，它们都可以用同一个算式（学生齐接话：5－2＝3）来表示。

（教师在圆片下板书：5－2＝3）

生（齐）：5 减 2 等于 3。

师：谁来说一说这里的“5”表示什么？“2”“3”又表示什么呢？

……

师：同学们说得真好！在生活中存在着许许多多这样的数学问题，5－2＝3 还可以表示什么呢？请大家说一说。

生：有 5 瓶牛奶，喝掉 2 瓶，还剩 3 瓶。

生：树上有 5 只小鸟，飞走 2 只，还剩 3 只。

……

上述两个教学片段所体现出来的教学着力点是不一样的。第一个教学片段，属于“就事论事”式的简单教学，教师对教学的定位完全停留在知识传授的层面，算式“5－2＝3”仅是一道题的解答算式而已，并不能代表其他。第二个教学片段，除了教学环节展开充分外，更主要的是渗透了初步的数学建模思想，训练的是学生抽象、概括、举一反三的学习能力。而且，这种训练并不是简单、生硬地进行的，而是和低年级学生数学学习的特点相联系——由具体、形象的实例开始，借助操作予以内化和强化，然后通过发散思维和联想加以扩展和推广，这样“5－2＝3”就由最初的代表具体情境和事物的算式，逐步抽象成代表一类数学问题的“模型”。

再比如，在小学阶段，学生认识小数时主要是将它和分数之间进行意义上的关联，即一位小数表示十分之几，两位小数表示百分之几，三位小数表示千分之几……按照螺旋上升的教材编排原则，上述内容大多安排在三四年级学习，三年级先教学生认识一位小数，四年级再进一步学习。如何在三年级教学生初步认识一位小数时就体现出“建模”的思想呢？有教师进行了如下教学：

（课始，教师出示到超市购买的一些物品和相应的价钱：水彩笔12元、美工刀3.5元、铅笔0.4元。当“0.4元”出现后，教师开始提问）

师：知道“0.4元”到底是多少钱吗？

生：0.4元就是4角钱。

师：4角钱有没有1元多？

生：没有。

师：看来，和1元相比，0.4元只能算是一个零头了。如果我们用这样的一个长方形来表示1元，（出示图3.7）你能把它分一分、涂一涂，将0.4元表示出来吗？

（学生拿出练习纸涂涂画画，把自己的想法表示出来。交流时，寻找共性特点：平均分成10份，涂出其中的4份）

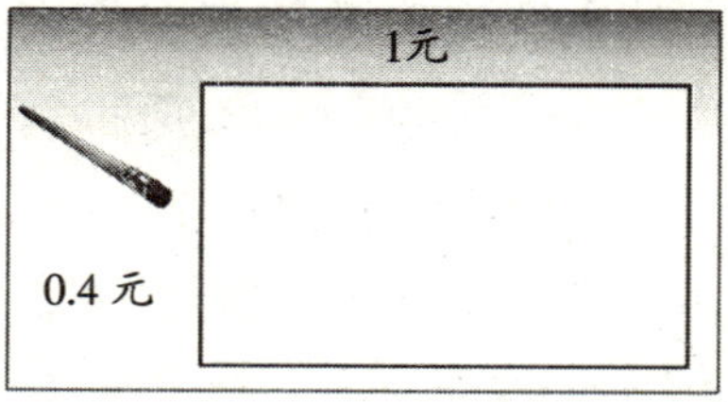

图 3.7

师：为什么这样就能将“0.4 元”表示出来了呢？

生：因为 1 元等于 10 角，平均分成 10 份，1 份就是 1 角，4 份就是 4 角。

师：看着大家画的图，我想起以前咱们学什么时，也是这样子平均分一分、涂一涂？

生：分数！

师：那 0.4 元如果用分数来表示，该如何表示呢？

生：$\frac{4}{10}$元。

师：数学真是有趣，原来 0.4 元也就是我们所熟悉的$\frac{4}{10}$元。

（教师出示图 3.8）

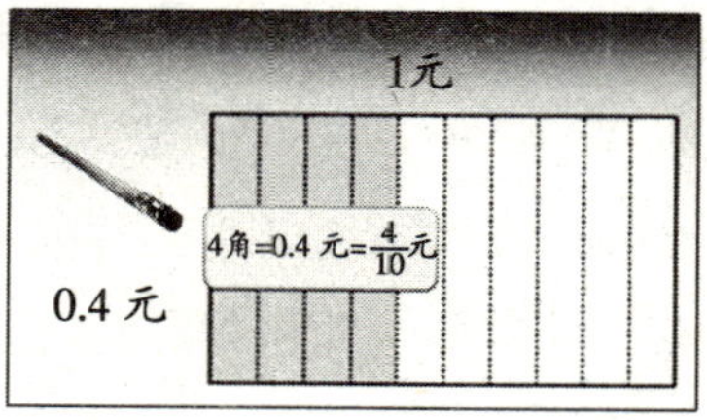

图 3.8

师：老师购买了一块橡皮，它的价钱是多少呢？（出示：0.8 元）0.8 元是多少钱？

生：0.8 元就是 8 角。

师：又是一个不足 1 元的零头，如果我们还是用这样的一个长方形来表示 1 元，那 0.8 元又该怎么表示呢？

（学生模仿刚才的方式表示出 0.8 元，也就是$\frac{8}{10}$元，如图 3.9 所示。教师给学生提供一张空白的平均分成10份的长方形纸片，让他们任意涂出其中的一部分，表示出一个小数和相应的分数。几个学生自由展示后，教师组织梳理，0.1就是$\frac{1}{10}$，0.2就是$\frac{2}{10}$……）

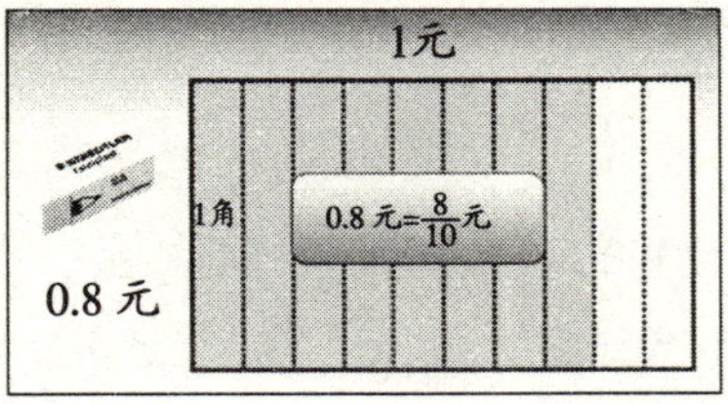

图3.9

师：接下来我们再来看看笔记本的价格，我给你们提供一个图示（如图3.10），大家知道它的价钱了吗？

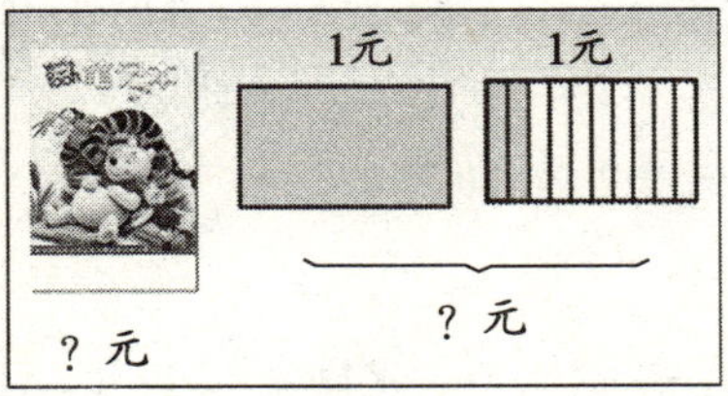

图3.10

生：笔记本的价格是1.2元。

师：刚才的小数都是“零点几”，现在怎么变成“一点几”了？

生：我们现在有两张长方形纸片了，第一张涂满了颜色，表示整1元；第二张平均分成了10份，涂了其中的2份，也就是0.2元，合起来就是1.2元了。

师：我买的钢笔的价钱是8.6元，如果让你画一幅图来表示它的价钱，你准备怎样画呢？

生：我准备先画9个大小一样的长方形，然后把前面8个涂满颜色，第9个长方形平均分成10份，涂出其中的6份。

……

上述教学过程抓住知识间的联系（小数和十进分数的关系）展开，但又不是停留于教师的直接讲解和“告诉”，而是让学生充分展开探索，借助于直观图示的形象支撑，建立起了一位小数的“直观模型”（长方形等分、涂色）。这种形象的“直观模型”既搭起了小数和分数之间的桥梁，又具有强大的扩展功能，对以后学习两位小数、三位小数（同样的长方形，平均分成 100 份、1000 份），以及抽象概括“小数的意义”具有统摄作用。

从上述两例可以看出，运用建模思想来指导小学数学教学，在很大程度上是要在学生的认知过程中建立起一种具有数学结构特征的统摄性、符号化的“模型”载体，通过这种具有“模型”功能的载体，帮助学生实现数学抽象，为后续学习提供强有力的基础支持。当然，对学生“模型”意识的培养和“建模”方法的指导，要根据具体内容和具体年级提出不同层次的要求，低年级时，教师要恰到好处地结合日常实例和常规教学对学生进行“模型”及“模型意识”的渗透、点化，高年级时，教师则可以更明确地引导学生关注数学学习中的“模型”，培养学生初步的建模能力。

其三，“魔”。

所谓“魔”，即“着魔”，也就是学生对“模型”在数学学习中的运用有着深切的体验和感悟，并对之产生好奇，从而在数学学习中能主动地构想模型、建立模型、运用模型。数学教学的终极目标应该是让学生都懂数学、爱数学，对数学怀有敬畏之心和热爱之情。要实现这样的目标，数学教学就不能只停留于知识和方法层面，而应深入数学的“腹地”，用数学自身的魅力来吸引学生。正如日本数学家米山国藏所说：“作为知识的数学出校门不到两年就忘了，唯有深深铭记在头脑中的数学的精神、数学的思想、研究的方法和着眼点等，这些随时随地地发生作用，使人终身受益。”

要让学生充分感受到数学模型和建模教学所产生的“魔力”，在实际教学中，教师一方面要结合日常教学给学生以充分的体验和感受。比如，在二年级教学“确定位置”时，设定观察的规则（观察顺序）非常重要——“从左向右数是第几排”“从前往后数是第几列”“从下往上数是第几层”……如果教师结合这样的观察顺序在直观图上分别添加“横向带箭头的直线→”（坐标系中的“横轴”原型）和“纵向带箭头的直线↑”（坐标系中的“纵轴”原型），就既能表现出观察顺序，又蕴含了二维坐标（第一象限）的基本原理。如果学生在独立练习时，也能模仿着使用，那么感受会更加深刻。而在六年级学习“确定位置”（用方向、角度、距离来确定平面图中任意一个位置）时，教师如果总是让学生先试着以观测点为中心画出一个“十字”坐标图，然后再确定位置，那学生的观察不仅会变得有序，而且准确性也会提高。在此基础上，教师再对学生“建模”“用模”的学习水平进行适当评价，并及时给予鼓励，教学的境界就会大大提升。

另一方面，教师也可以在中高年级的教学中对学生进行一些专题性的训练。我曾以“鸡兔同笼”问题为例进行过这方面的尝试。在学生能用不同的假设思路解答“鸡兔同笼”的题目后，教师提问：“生活中你见过有人把鸡和兔放在一个笼子里养殖的吗？即便是放在一起养殖，也没有谁去做数头数脚这种无聊的事吧？我们的老祖宗为什么要煞费苦心地研究来研究去呢？一千多年过去了，‘鸡兔同笼’这道数学题为什么至今仍会被当作宝物似的呢？”（屏幕显示：“鸡兔同笼”有什么独特的魅力）在学生对所提问题困惑不解时，教师提议大家带着这个问题来继续进行“龟鹤同游”和“人狗同行”的研究，并再次提出疑问：“‘鸡兔同笼’有什么独特的魅力？”经过研究和对比，学生发现：“鸡兔同笼”不只是代表着鸡、兔同笼的问题，有很多类似的问题都可以看成“鸡兔同笼”问题，如人马问题、牛鸡问题、汽车和自行车的轮子问题等等。随后，师生共同研究“信封里放着 5 元和 2 元的钞票，共 8 张，34 元。信封里 5 元和 2 元的钞票各有多少张”这道题目，探讨其与“鸡兔同笼”问题的关联。经过比较和猜想，学生的认识再次提升：这里的“2 元的钞票”就相当于“鸡有 2 只脚”，而“5 元的钞票”就相当于兔子腿的条数。之后，教师让学生联系生活，将一些实际问题编成“怪鸡”“怪兔”同笼的数学问题并解答。到了课堂总结时，屏幕上第三次出示：“鸡兔同笼”有什么独特的魅力？学生总结感受之后，教师顺势予以强化：从一个具体的数学问题出发，研究解法，并上升到一种模型，之后进行广泛的运用，数学就是这样发展起来的。如果我们在学习各种数学问题时都能有“模型”的意识，举一反三，触类旁通，那么我们必将会走向数学学习的自由王国。

上述教学以对“‘鸡兔同笼’有什么独特的魅力?”这一问题的三次追问把整节课串联起来，虽然每一次追问的层次和目标不一样(第一次是针对具体的“鸡兔同笼”问题发问，主要是为了激发学生的探究欲望，促使他们向更高的学习层次迈进；第二次是进一步明确“鸡兔同笼”问题的结构、模型，让学生经历更高层次“数学化”的过程；第三次是帮助学生实现完整的“模型”建构，实现“形式的”数学知识向现实生活的“复归”)，但是，其核心都是让学生从“模型”和“建模”的角度来亲近数学、了解数学。站在“高点”再回望探究之旅，学生对数学的认识就会更加深入，由此而产生的“魔力”，将深刻而持久地影响着他们的数学学习和生活。

总的说来，“磨”，侧重于教师对数学本身的理解；“模”，指向教学过程，强调在数学和儿童之间真正搭起一座有意义的数学学习之桥；“魔”，则是强调坚持站在儿童立场看问题，读懂儿童，引领儿童，促进儿童发展。三者有机统一，互动交融，缔造出小学数学建模教学的至高境界。

六、新增核心概念之“创新意识”

当今社会，科学技术迅猛发展，国际竞争日趋激烈，社会的信息化以及经济的全球化，使创新精神与创新能力成为影响个人发展的重要因素。教育是知识创新、传播和应用的主要阵地，也是培养创新精神和创新人才的摇篮。培养具有创新精神的人才将成为我国持续发展的不竭动力，是增强综合国力的坚实基础。将“创新意识”增加为核心概念，是数学课程对我国从创造型国家发展成创新型国家、从人力资源大国发展成人才资源强国这一新形势作出的回应。全体数学教育工作者都要自觉地承担起这份厚重的历史责任。

无论创新多么重要，它最终都要落地生根，要和课程、课堂、学习相结合，要从点点滴滴做起，从孩子抓起。长期以来，谈起创新，总给人一种缥缈的感觉。究其原因，还是因为我们对创新缺乏最基本的认识。对于创新的含义，我们可以从以下几个方面来理解：

第一，创新不同于显性的知识和技能，不能通过直接的传授获得，具有隐性特征。大凡具有隐性特征的东西，都具有这样一些特点：(1)“所知比能言多”，也就是实际内涵总是比我们能说清楚的要多；(2) 内容上具有不确定性，难以形成完整的体系，难以进行准确的阐述；(3) 形式多样，逻辑思维、直觉思维等都是孕育创新的“种子”和“温床”；(4) 流通困难，不能灌输给别人，只能依靠活动、经历、体验、探索、领悟、传递、转化等来慢慢培养。

第二，创新的核心是创造性思维——在创造性活动中或需要发挥创造力的情境中表现出的思维能力。它是人类最高级的思维，也是多种思维的复合体。其中，尤为重要的是发散性思维，即不囿于常规，能够求新、求异、求变、求奇的思维。

第三，培养创新意识是激发创造性思维的前提和条件。创新意识包括创造动机、创造兴趣、创造情感和创造意志。创造动机是开展创造性活动的动力因素，它能推动、激励人们发动、维持、开展创造性活动。创造兴趣是促使人们积极探求新奇事物的一种心理倾向，能使创造活动顺利进行。创造情感是引起、推进乃至完成创造活动的心理因素，只有具有积极的创造情感，才能使创造活动获得成功。创造意志是在创造活动中克服困难、冲破阻碍的心理因素，创造意志具有目的性、顽强性和自制性。

第四，《课程标准（2011 年版）》将“创新意识”作为核心概念，而不是将“创造性思维”“创新精神”“创新能力”作为核心概念，主要是为了突出义务教育阶段的数学课程的基础性、普及性和发展性，也就是通过培养和发展学生的创新意识，促进学生的创新精神与创新能力的形成。

有了上述理解，我们再来具体地看看《课程标准（2011 年版）》

对“创新意识”的解释：“创新意识的培养是现代数学教育的基本任务，应体现在数学教与学的过程之中。学生自己发现和提出问题是创新的基础；独立思考、学会思考是创新的核心；归纳概括得到猜想和规律，并加以验证，是创新的重要方法。创新意识的培养应该从义务教育阶段做起，贯穿数学教育的始终”。很显然，这样的解释完全走出了泛泛空谈的俗套，有了明确的方向性，可以用“立足基础，着眼长远”这八个字来概括。

（一）立足基础

“创新意识的培养是现代数学教育的基本任务”。创新之“新”具有丰富的内涵，可以是全人类前所未见的“新”，也可以是对部分人而言的“新”，抑或是对自己而言的“新”——自己从未做过的事。在小学生的数学学习中，几乎不存在第一个“新”，第二个“新”也为数不多，大多数都属于超越自己的“新”。发展学生的创新意识，只要求他们能“认识创新的重要，在数学学习过程中有好奇心，对事物感兴趣，不断地发现和提出问题，有创新的欲望，尝试去做一些对自己是新的、没有想过、没有做过的事情，用学过的数学方法解决问题”①。不难看出，从最基础的东西做起，是落实创新意识培养的必由选择。对于立足基础，《课程标准（2011年版）》中提出了三点原则。

首先，学生自己发现和提出问题是创新的基础。要让学生发现并提出问题，首先要将学生置于问题情境中。这种问题情境，不是由教师提出问题后让学生思考问题该如何解决的情境，而是在看似没有问题的情况下让学生“生发疑惑”，进而自己产生问题并提出问题的情境。一位教师在教学二年级统计图时，先展示了喜羊羊、美羊羊、懒羊羊跳伞的情景，在学生用打“√”或画“正”字统计出喜羊羊跳了14下、美羊羊跳了8下、懒羊羊跳了9下后，教师出示一个

① 史宁中主编．义务教育数学课程标准（2011年版）解读［M］．北京：北京师范大学出版社，2012.

方格图，让学生用方格图来表示统计数据。学生兴致勃勃地开始动笔画图，可多数学生很久都没能下笔，原来方格图的纵轴最多只有10格。要用10格来表示14下，能行吗？你看，问题就这样被提出来了。再比如，学习分数时，一位教师给每个学生都发了一张画有圆形纽扣的图，让学生圈出纽扣的三分之二。汇报结果时，有的学生说圈出了10颗，有的学生说圈出了12颗。到底哪个答案对呢？教师将图示投影出来，原来说圈出了10颗纽扣的同学的图上画的是15颗纽扣，而说圈出了12颗纽扣的同学的图上画的是18颗纽扣，一对比一分析，学生对分数的认识就更加深刻了。理论上看，问题大多来自“矛盾冲突”，要让学生自己发现问题、提出问题，教师在课堂中就要设置更多的“矛盾冲突”。刚才的“矛盾冲突”是教师有意设置的，有时，“矛盾冲突”也可以来自课堂学习之中，当学生对同一话题产生了不同的见解时，问题自然也就产生了。比如，让学生从一个角度观察长方体，有的学生说最多能看到三个面，有的学生说最多能看到四个面。问题这就产生了，从一角度观察长方体到底最多能看到几个面？这里面涉及哪些观察的注意点？对观察的物体有什么要求？对观察点有什么要求？生活中的观察物体和美术中的透视有什么联系？如果我们的教学总是能将学生置于“矛盾冲突”中，而不是如往常那样由教师提问，学生答问，那学生发现和提出问题的能力就会得到很大的提升。

其次，学生能独立思考、学会思考是创新的核心。从本质上讲，创新意识是“做出来的”，是学生在不断地亲身经历、实践、思考中积累和形成的，其中，独立思考至关重要。儿童总喜欢提问题是众人皆知的，但是儿童提出问题后常常喜欢从大人那儿得到答案，而不是自己去寻找答案。长期这样下去，儿童创新的能力就会退化。学习也是如此，学生提出问题后只有自己学会思考、独立思考，才能最终走向自主创新之路。而要让学生独立思考，最重要的就是教师要给足时间、留出空间。遗憾的是，我们现在的课堂都被各种情境、活动、题目塞得满满的，学生自由活动和独立思考的时间几乎全部被挤占了。教育是慢艺术，教学更需要慢镜头。等一等，慢半拍，减少环节，腾出空间，会使学生的潜力得到挖掘，让学生的思想燃起智慧的火花。当然，让学生学会思考同样不是“教”出来的，而是“悟”出来的。既然是“悟”，就需要过程，需要时间，需要土壤，需要润泽，需要实践，当然，也需要点拨、点化和点燃。教师千万不要奢望一节课、一学期甚至于一年半载就能让学生学会思考，但是，通过一节课、一学期、一年半载的努力，学生总会不断地向佳境迈进，向目标靠近。

第三，通过归纳概括得出猜想和规律，并加以验证，是创新的重要方法。基于问题的思考，最终不能是一盘散沙，而要“聚沙成塔”，得出结论。从数学学习的角度来看，就是要通过归纳概括得出猜想和规律，这“猜想和规律”就是一种新的发现，就是学生创新的成果。不过，由于受到思考的时间、深度、角度、方式、方法等因素的影响，这种“猜想和规律”可能还只是一种念想、一种浅层次的判断，其准确性如何还需要加以验证。这是思考深刻性和结论严密性的必然要求，也是学生思维历练的重要途径。有问题，有思考，有概括，有结论，有验证，数学学习中的创造过程才是完整的。当然，怎么产生问题，如何进行思考，怎样去概括，怎样产生结论，怎样进行验证，既涉及基础知识，也需要运用基本技能，还贯穿着基本思想，依赖于数学活动经验，是一种“综合实力”的复合体。反过来，“四基”的基础打好了，创新意识和创新能力的发展就有了根基。

（二）着眼长远

“创新意识的培养应该从义务教育阶段做起，贯穿数学教育的始终”，这就要求我们在人才培养上要使用“长焦镜头”，坚持长期培养，注重长远效应。

使用“长焦镜头”，就是要关注人的一生的发展，这并不是“从义务教育阶段做起”的问题，而是要更提前，越早越好。大家一定都熟知那个经典测试：有人在黑板上画一个圆，如果问幼儿园的小朋友“这是什么”，小朋友就会说出各种各样的答案：有的说这是芝麻饼，有的说这是爸爸的脸……答案异彩纷呈，精彩绝伦；可是把题目拿到高中课堂，学生中有的认为这是个无聊的话题，根本不屑回答，有的学生虽给出了答案但却是枯燥无味的，顶多说它是月亮；而当成年人看到这个圆时，则认为它就是一个圆圈。我们无法知道孩子们丰富的想象力是在什么时候被扼杀的，但是可以肯定的是，如果我们一直注意保护和激发学生的求异思维与想象力，一定不会出现最后那种尴尬的局面。

所谓坚持长期培养，就是说我们要在每一个阶段都保持清醒的意识，要不断地激发学生的创造潜能。幼儿园里经常会做这样的绘画练习：教师画一个红色的梯形，让幼儿接下去分别画出与这个梯形有一个不同点、两个不同点、三个不同点的新图形。孩子们可以通过改变图形的颜色、形状、大小来进行自由创作。再比如，在小学三年级初步认识了分数后，教师可以让学生先猜一猜图 3.11中的阴影部分占整个长方形的几分之几，然后再在图形下面放上刻度尺，通过测量看看谁猜得最准。教师也可以让学生进行以下开放练习：下图（图 3.12*a*）露出的部分是整体的四分之一，请画出这个整体。学生能根据自己的设想画出各具特性的“整体”（图 3.12*b*～图 3.12*e*）。如果在数学教学中教师总是能不断地为学生提供这种自由创造的机会，那学生的创新意识就会慢慢地增强。如果长期坚持下去，一定会产生长远效应。

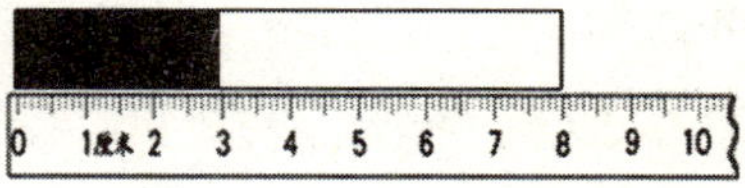

图 3.11

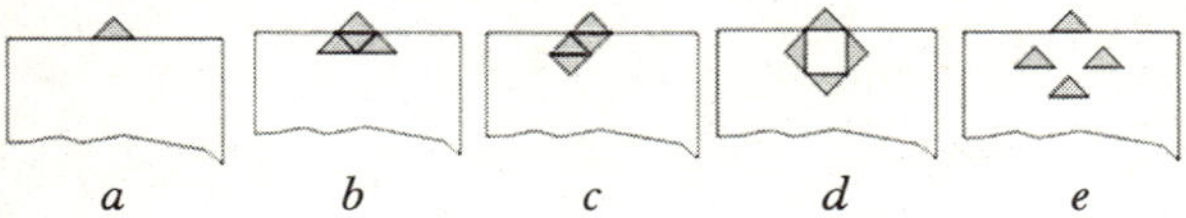

图 3.12

以上我对《课程标准（2011 年版）》中的 2 个名称有变化的核心概念和 4 个新增加的核心概念进行了解读。其余 4 个核心概念虽说在文字表述上没有变化，但若作比较，还是能看到其中的细微差异的。比如，“数感”明确说明了“主要是关于数与数量、数量关系、运算结果估计等三方面的感悟”；“应用意识”也具体说明了两个方面，即“一方面有意识利用数学的概念、原理和方法解释现实世界中的现象，解决现实世界中的问题；另一方面，认识到现实生活中蕴含着大量与数量和图形有关的问题，这些问题可以抽象成数学问题，用数学的方法予以解决”。而“推理能力”则做了较大的调整，强调“推理是数学的基本思维方式，也是人们学习和生活中经常使用的思维方式。推理一般包括合情推理和演绎推理，合情推理是从已有的事实出发，凭借经验和直觉，通过归纳和类比等推断某些结果；演绎推理是从已有的事实（包括定义、公理、定理等）和确定的规则（包括运算的定义、法则、顺序等）出发，按照逻辑推理的法则证明和计算。在解决问题的过程中，合情推理用于探索思路，发现结论；演绎推理用于证明结论……推理能力的发展应贯穿在整个数学学习过程中”。这些变化，都应该在我们的教学中予以体现，否则，我们还会陷入“穿新鞋，走老路”的怪圈。

此外，从整体上分析，10 个核心概念大致可以分成三个层次。第一层是体现在某一内容领域中的核心概念，“数感”“符号意识”“运算能力”主要体现在数与代数领域，“空间观念”主要体现在图形与几何领域，“数据分析观念”主要体现在统计与概率领域；第二层是跨领域的核心概念，包括“几何直观”“推理能力”和“模型思想”；第三层是超越课程内容的核心概念，即整个小学数学课程都应该特别注意的——培养学生的应用意识和创新意识。

下篇 教学实施指导

Jiao Xue Shi Shi Zhi Dao

教学实施是课程标准从文本形态、理念形态走向教学现实和学生发展的基本途径和关键环节。作为一名数学教师，我们不仅要关注小学数学教学的本质和特点，更应该在具体的教学过程中落实《课程标准（2011年版）》中提出的目标、原则、方法，以其作为指导我们教学的纲领性文件。在教学实施过程中，我们应该了解“数与代数”“图形与几何”“统计与概率”“综合与实践”各自所包含的主要内容，明确教学目标与教学要求；掌握“数与代数”“图形与几何”“统计与概率”“综合与实践”各自的教学实施要点，有针对性地开展数学教学；切实以《课程标准（2011年版）》为依据开展教学，在教学过程中深化认识，将理论学习与实践验证结合起来。

第四章　小学数学教学的基本理解

第一节　关于“教学”

教学实施是课程标准从文本形态、理念形态走向教学现实和学生发展的基本途径和关键环节。这就好比一个运动员，无论他（她）做多少热身准备，最终都要到赛场上去比赛才能体现自己的价值。研读课标，研讨教学，都是在为教学做“热身”，最终都要转化为教学行动。《课程标准（2011年版）》第四部分“实施建议”中，从三个方面提出了教学建议。一是明确了教学活动的本质，即教学活动是师生积极参与、交往互动、共同发展的过程。二是提出了数学教学的关键性要求与目标，即应根据具体的教学内容，注意使学生在获得间接经验的同时也能够有机会获得直接经验，从学生实际出发，创设有助于学生自主学习的问题情境，引导学生通过实践、思考、探索、交流等，获得数学的基础知识、基本技能、基本思想、基本活动经验，促使学生主动地、富有个性地学习，不断提高发现问题和提出问题的能力、分析问题和解决问题的能力。三是正确看待教师在教学中的作用，即教师要把基本理念转化为自己的教学行为，处理好教师讲授与学生自主学习的关系，注重启发学生积极思考；发扬教学民主，当好学生数学活动的组织者、引导者、合作者；激发学生的学习潜能，鼓励学生大胆创新与实践；创造性地使用教材，积极开发、利用各种教学资源，为学生提供丰富多彩的学习素材；关注学生的个体差异，有效地实施有差异的教学，使每个学生都得到充分的发展；合理地运用现代信息技术，有条件的地区，要尽可能合理、有效地使用计算机和有关软件，提高教学效益。在此基础上，《课程标准（2011 年版）》进一步对“课程目标的整体实现”“学生在学习活动中的主体地位”“基础知识、基本技能的理解和掌握”“感悟数学思想，积累数学活动经验”“关注学生情感态度的发展”“综合与实践的实施”等方面进行了具体说明。这些建议和说明，既是对课程标准修订精神的诠释，也体现了教学的特点、要求和规律，凸显出小学数学教学的本质。

关于“教学”，在我国的教学论研究中，出现过多种解释。王策三教授认为：“所谓教学，乃是教师教、学生学的统一活动；在这个活动中，学生掌握一定的知识和技能，同时，身心获得一定的发展，形成一定的思想品德。”① 李秉德教授认为：“教学就是指教的人指导学的人进行学习的活动。进一步说，指的是教和学相结合或相统一的活动。”② 顾明远教授认为：“教学是以课程内容为中介的师生双方教和学的共同活动。”③ 上述几种定义，虽有差异，但在教学活动的基本要素这一问题上的认识还是趋向一致的，那就是教学活动应包括教师（教的人）、学生（学的人）、课程（中介）这三要素，即传统的教学“三要素”。

近一二十年来，教育教学的理论研究如雨后春笋般层出不穷，人们不是停留在对教学要素进行一般性罗列，而是对各要素间的相互关系、动态平衡、人文关怀、持续发展等内在价值进行深入思考。倡导“教学，作为师生共在的精神生活过程，是认知、交往与审美交互作用、相互生成的过程”的教学交往理论，倡导“授受知识，开启智慧，润泽生命”三重境界的生命化教育理论，主张“一切为了学生，高度尊重学生，全面依靠学生”“无为而为，教少学多”的生本教育理论等都已经深入人心，产生了广泛的影响。同时，信息技术的迅猛发展，给教育变革和教学改革带来了一股股强大的动力，各学科课程标准中都明确提出“现代信息技术的发展对教育的价值、目标、内容以及学

---

① 王策三．教学论稿［M］．北京：人民教育出版社，1985.

② 李秉德主编．教学论［M］．北京：人民教育出版社，1991.

③ 顾明远主编．教育大辞典［M］．上海：上海教育出版社，1990.

与教的方式产生了重大的影响”“大力开发并向学生提供更为丰富的学习资源”“把现代信息技术作为学生学习和解决问题的强有力工具”等要求，新出台的《国家中长期教育改革和发展规划纲要（2010—2020年）》中，更是将“加快教育信息化进程”专门设为一章（第十九章），认为“信息技术对教育发展具有革命性影响，必须予以高度重视”，提出了“促进教育内容、教学手段和方法现代化”“加强优质教育资源开发与应用”“提高教师应用信息技术水平，更新教学观念，改进教学方法，提高教学效果。鼓励学生利用信息手段主动学习、自主学习，增强运用信息技术分析解决问题能力”等具体目标。

这些新理念、新思维、新方法、新技术都在一点点地改变着教师的教学行为，也改变着我们对“教学”的认识。教学的整体性、系统性、发展性、人文性等特征正前所未有地被人们所关注，人们试图用更加科学、更具本真性、更为长远的眼光来理解教学。在这样的背景下，《课程标准（2011年版）》再次明确了“教学活动是师生积极参与、交往互动、共同发展的过程。有效的教学活动是学生学与教师教的统一，学生是学习的主体，教师是学习的组织者、引导者与合作者”的教学观。这句话虽然是在《课程标准（2011年版）》中提出的，但具有跨学科的普适性，是对“教学”的超学科解释。

换个角度来打个比方，我们对“教学”的理解或许能更容易一点：如图4.1所示，作为一名教师，我们教的是“学科”（如语文、数学、音乐等），面对的是“儿童”（学生），所谓“教学”其实就是在两者之间搭建起一座有意义的桥梁。“学科”“儿童”是搭桥的两大根基，搭桥的过程就是教学的准备和实施过程，搭桥的技术就是教学的艺术。吴正宪老师认为，好的数学课堂既要“好吃”，又要有“营养”。“好吃”就是要有“儿童味”，为学生所喜欢；“有营养”就是要有“数学味”，体现出数学教学的特点和本质，彰显数学的文化力量。其实，无论是

图4.1

备课、上课还是评课，一切教学问题都可以归结到对学科本质的把握（包括学科特点、学习内容等）、对儿童的全面了解（包括经验基础、思维等）、对教学艺术的精通这三个根本性话题上。

第二节 小学数学教学的本质

小学数学教学，除了具有教学的一般意义，遵从教学的一般原理，体现教学的普遍规律外，还应该有自身的教学目标、价值、追求，体现出特有的学科品质、特色、意蕴，这些在一定程度上都和小学数学教学的本质有关。

小学数学教学的本质是什么呢？毫无疑问，是培育人。用《课程标准（2011 年版）》中的话来说就是："人人都能获得良好的数学教育，不同的人在数学上得到不同的发展。"更进一步解释，就是"使学生掌握必备的基础知识和基本技能；培养学生的抽象思维和推理能力；培养学生的创新意识和实践能力；促进学生在情感、态度与价值观等方面的发展。义务教育的数学课程能为学生未来生活、工作和学习奠定重要的基础"。为了在小学数学教学中体现这样的本质，就要提出具体的教学要求。比如，《课程标准（实验稿）》中提出的"有效的数学学习活动不能单纯地依赖模仿与记忆""由于学生所处的文化环境、家庭背景和自身思维方式的不同，学生的数学学习活动应当是一个生动活泼的、主动的和富有个性的过程"，《课程标准（2011 年版）》中提出的"学生应当有足够的时间和空间经历观察、实验、猜测、计算、推理、验证等活动过程""教师教学应该以学生的认知发展水平和已有的经验为基础……引导学生独立思考、主动探索、合作交流，使学生理解和掌握基本的数学知识与技能，体会和运用数学思想与方法，获得基本的数学活动经验"等教学理念就是指向数学教学本质的。

如果要做进一步阐释的话，我认为，小学数学教学的本质主要体现在以下三个方面：

第一，小学数学教学是围绕小学数学课程的内容、目标而展开的，应该充分体现数学学科的特点、内涵和价值。张奠宙先生说：“数学教育，自然是以‘数学’内容为核心。数学课堂教学的优劣，自然应该以学生是否能学好‘数学’为依据。”还记得在2004年前后，全国曾经出现了不少质疑新课程改革的声音。《中国教育报》2003年10月28日第二版“会诊课改新课堂”专栏首篇文章就是《课堂越活越好吗?》，文中谈到：“有人认为学生反应积极，就是主动参与，就是面向全体。表面上看学生都参与了，课堂气氛也很活跃，你说，我说，大家说，热热闹闹一节课，但仔细分析便会发现，思维的深度不够，导致的结果是传统的东西没有了，新的内容又没掌握。”2005年的时候这种质疑更加强烈，《“思维体操”在走样》《新课标让数学失去了什么》等文章犹如重磅炸弹，引起了巨大的反响。不管这些观点正确与否，有一点是显而易见的，那段时间的数学课堂总体上太“花哨”了，缺少数学课应有的数学本味，有些课上成了思想品德课，有些课上成了大杂烩。《课程标准（2011年版）》明确提出“让学生获得适应社会生活和进一步发展所必需的数学的基础知识、基本技能、基本思想、基本活动经验”“体会数学知识之间、数学与其他学科之间、数学与生活之间的联系”“了解数学的价值”等小学数学教学和数学学习的目标和重点，并增加了若干核心概念，都突出地体现了向数学回归的改革方向。数学课要有数学的“含金量”，这是小学数学教学最基本的要求。

第二，小学数学教学是基于小学生的生活基础和数学现实而展开的，应该充分体现数学学习的特点和根本。关于该如何认识数学学习，《课程标准（实验稿）》曾指出，学习数学“不仅要考虑数学自身的特点，更应遵循学生学习数学的心理规律，强调从学生已有的生活经验出发，让学生亲身经历将实际问题抽象成数学模型并进行解释与应用的过程”。《课程标准（2011年版）》也指出“认真听讲、积极思考、动手实践、自主探索、合作交流等，都是学习数学的重要方式”“在呈现作为知识与技能的数学结果的同时，重视学生已有的经验，使学生体验从实际背景中抽象出数学问题、构建数学模型、寻求结果、解决问题的过程”。这些理念，都体现出基于“过程”的小学数学教学观。对此，专家们在十年之前解读《课程标准（实验稿）》时就曾有过这样的论述：

这里的“过程”大体上要包括两个方面：①发现实际问题中的数学成分，并对这些成分做符号化处理，把一个实际问题转化为数学问题；②在数学范畴之内对已经符号化了的问题做进一步抽象化处理，从符号一直到尝试建立和使用不同的数学模型，发展更为完善、合理的数学概念框架。学生通过这个过程，理解一个数学问题是怎样提出来的、一个数学概念是怎样形成的、一个数学概念是怎样获得和应用的，通过这个过程学习和应用数学。在一个充满探索的过程中，让已经存在于学生头脑中的那些不那么正规的数学知识和数学体验上升发展为科学的结论，让学生从中感受数学发现的乐趣，增强学好数学的信心，形成应用意识、创新意识，使人的理智和情感世界获得实质性的发展和提升。①

与“过程”相匹配的是数学学习方式的转变。由于从事数学活动的时间和空间更加开放，在积极思考、动手实践、自主探索、合作交流的过程中，学生会有更多的机会倾听、交流、分享想法，能在释疑解惑的过程中启迪思维、促进思考，直至豁然开朗。数学学习变成了学生主体性、能动性、独立性、协作性、共生性不断生成、张扬、发展、提升的过程，这一过程的形成会在很大程度上改变数学教学的面貌，有助于学生变革学习方式，优化学习成果，对促进学生发展具有战略性的意义。

数学学习之根本在于学好数学。《课程标准（2011年版）》提出了“通过数学学习，学生能运用数学的思维方式进行思考，增强发现和提出问题、分析和解决问题的能力”的总目标。可见，学好数学的关键是要“学会数学地思维”。但是，从数学教学或数学教育的过程来看，

---

① 数学课程标准研制组．全日制义务教育数学课程标准（实验稿）解读［M］．北京：北京师范大学出版社，2002.

我们又不能仅仅停留在帮助学生学会数学地思维，而应更加强调通过数学帮助学生学会思维，即“将数学思维的学习与具体数学知识内容的学习很好地结合起来”“用思维方法的分析去带动具体知识内容的教学”。只有将数学思维方法渗透到具体数学知识内容的教学之中，才能使学生真正看到数学思维的力量，并使数学思维真正成为可以理解的、可以学到手的、能够加以推广的思维方法。只有通过深入地揭示隐藏在具体数学知识内容背后的思维方法，我们才能真正做到将数学“讲活”“讲懂”“讲透”。思维方式的重要性在于它不只是在数学学习中发挥作用，而且还渗透到了日常生活之中，具有广泛的影响。

第三，小学数学教学属于一门学科的教学，但它同时又具有超学科性，即教学中蕴含着人文关怀。《课程标准（2011 年版）》特别强调，数学教学中最需要考虑的是“激发学生兴趣，调动学生积极性，引发学生的数学思考，鼓励学生的创造性思维；要注重培养学生良好的数学学习习惯”，因为这些都对学生的学习、生活、成长发挥着重要而长效的作用。作为一名数学教师，我们总是习惯于在自己的学科范围内组织教学、思考问题。这固然重要，但任何学科教学都必须自觉地指向教育的终极目标——人的培养。这种超学科的知识应该是基于学科教学本身而又超越于学科教学的，比如思维品质、学习精神、道德情感、知识观、课程观、人生观、价值观等等，它们很难作为某一学科、某一课时的教学目标去实现，但又是内隐在教学过程之中，并通过具体学科教学实践来完成的。记得有专家曾这样评价华应龙老师的《审题》一课：“这节课带给我们最有意义和价值的是两个字：惊喜。学生课后兴奋的表情告诉我：他们体验到了一种从未有过的惊喜，一种从数学教学中发现意义和价值从而喜欢数学、热爱数学的惊喜，一种源于数学而又超越数学，从学习过程中获得的惊喜。”[1]“惊喜”的背后是什么？应该是数学思维、数学思考、数学精神带来的快乐和幸福！而这些，恰恰正是数学教学中所不该

① 彭钢．惊喜：一种课堂教学评价的尺度［J］．江苏教育（小学教学版），2009，(16)．

也不能“缺席”的人文关怀。

当然，从数学教学的角度来看，培育学生的数学情怀也是十分重要的人文关怀。所谓学科情怀，就是学生对某一门学科所拥有的美好感情。当代数学家丘成桐在谈到自己的成长之路时说：“要修炼自己的感情……这是学有所成最重要的东西。”说起自己花了二三十年工夫研究的“庞加莱猜想”，他说：“它太美了，太重要了，我们没有办法来抵抗它的魅力。”可见，在数学家的眼里，比兴趣更具力量的是内心深处燃烧着的数学激情，是对数学充满敬畏的一份情怀。作为数学教师，我们不必奢望每个学生都成为计算高手，也不必奢望他们将来都能成为数学家，但是，我们应该努力让每个学生都对数学有这样的情怀——领悟数学是怎么回事儿，知道数学知识、数学能力、数学思考对日常生活的重要作用，知晓数学的逻辑力量和严谨之美，对数学充满着热爱和敬畏。这份情怀会在学生内心产生巨大的张力，会让每一位数学教师的每一堂课都充满永恒的力量，会让每一个学生在学习数学时都能将眼光投放到“世俗”与“功用”之外，显现出淡然和大气。培育学生的数学情怀，首先需要我们数学教师有几许超凡脱俗的胸怀：不把数学成绩（分数）当成评判学生数学学习好坏的绝对依据；不奢求每个学生都成为数学学习的佼佼者，成为未来的数学大家，只求他（她）发自内心地亲近数学、喜爱数学、“懂”数学，哪怕他（她）的数学学习结果并不理想；教学中不是紧盯着知识传授、技能培养，而是要发展学生的思维、启迪学生的智慧，更要有“润泽或点化生命”的人文关怀……对学生数学情怀的培养离不开基本的数学教学活动，数学情怀是学生经过一堂又一堂数学课的熏染逐步积累、凝聚而成的。

第三节　小学数学教学的特点

小学数学教学，除了具有一般教学活动所具有的特点、原则、方法（如与生活密切联系、循序渐进、因材施教等）外，还有着自身的独特性。这种独特性是和数学学科的特点及学生数学学习活动的本质紧密关联的。从这个角度来提炼和概括小学数学教学的特点，可以更好地为数学教学改革提供实践上的支持。具体地讲，小学数学教学的特点有：

一、以“知识技能”为基础，注重多层目标的整体实现

《课程标准（2011 年版）》对教学实施的第一条建议就是“数学教学活动要注重课程目标的整体实现”，它明确提出：“为使每个学生都受到良好的数学教育，数学教学不仅要使学生获得数学的知识技能，而且要把知识技能、数学思考、问题解决、情感态度四个方面目标有机结合，整体实现课程目标”。

数学课程目标的整体实现，是在教学过程中完成的。因而，“重视过程，贯穿始终”是数学教学的基本原则之一。学生对数学的认识和学生解决实际问题的过程（包括观察、实验、归纳、类比和猜测的过程，也包括学生在这个过程中获得的体验等）都是整体性的。活动的基本特点之一是“动”，即手动、体动、脑动；活动的另一个特点是“活”，多样才能“活”，对比才能“活”。因此，教师要根据学生和数学内容的特点设计相应的活动，让学生去经历、体验、猜测、验证、交流、讨论。“整体设计，逐步实现”是数学教学的第二个基本原则。《课程标准（2011 年版）》特别强调：“课程目标的整体实现需要日积月累。在日常的教学活动中，教师应努力挖掘教学内容中可能蕴含的、与上述四个方面目标有关的教育价值，通过长期的教学过程，逐渐实现课程的整体目标。”因此，教师要对教学活动进行精心设计，根据教学经验从知识技能、数学思考、问题解决与情感态度这四个方面提炼出“知识与技能”“过程与方法”“情感态度与价值观”之三维教学目标。

总的说来，《课程标准（2011 年版）》一方面认为数学课程目标“不是相互独立和割裂的，而是一个密切联系、相互交融的有机整体”，另一方面又提出“‘知识技能’既是学生发展的基础性目标，又

是落实‘数学思考’‘问题解决’‘情感态度’目标的载体”“数学思考、问题解决、情感态度的发展离不开知识技能的学习，知识技能的学习必须有利于其他三个目标的实现”。

强调以“知识技能”为基础和载体，意在表明小学数学教学要以数学知识学习、数学技能训练为教学的出发点和主线，但又不能局限于此，还应让学生在知识学习和技能训练的过程中感悟数学思想，积累活动经验，孕育数学情怀，培养学习兴趣，增强学习的自信，学会数学地思维。在过去十年的数学课程改革中，这样的认识在一定程度上得到了体现，但是和我们的期望依然相差太远，人们的目光还是比较多地停留在知识和技能这一基础层面，而对数学思考、思维方式、情感态度等较高层次目标的落实既没有力度，也缺乏深度。

强调多层目标的整体实现，表明教学目标的整体实现是一个长期的、渐进的过程，也是一个将高层目标渗透、蕴含在基础目标之中的逐步感悟、累积、发展的过程。“形下关切”与“形上关怀”应该有机统一，相互交融，共同发展。

二、以“数学活动”为主线，引导学生建构“数学现实”

《课程标准（实验稿）》在“教学建议”中特别指出“数学教学是数学活动的教学”“数学教学过程是教师引导学生进行数学活动的过程”，这在一定程度上说明了“数学活动”在数学教学中的主体地位。《课程标准（2011 年版）》将积累数学活动经验作为“四基”之一，并提出：“数学活动经验的积累是提高学生数学素养的重要标志。帮助学生积累数学活动经验是数学教学的重要目标，是学生不断经历、体验各种数学活动过程的结果。数学活动经验需要在‘做’的过程和‘思考’的过程中积淀，是在数学学习活动过程中逐步积累的。”可见，设计好的数学活动，让学生在活动中学习数学已经成为小学数学教学的关键。

相比于一般的活动，数学活动有着特定的内涵。

第一，数学活动是学生经历“数学化”过程的活动。弗赖登塔尔认为，与其说学习数学，还不如说学习“数学化”；数学教学的核心是学生的“再创造”。这里的“数学化”，实际上就是《课程标准（实验稿）》中所说的“让学生亲身经历将实际问题抽象成数学模型并进行解释与应用的过程”。这里所说的“再创造”，并不是指机械地重复原来习得的知识，而是指学生在学习数学的过程中根据自己的体验，用自己的思维方式，重新创造有关的数学知识的过程。

弗赖登塔尔认为，“数学化”的过程大体上要分两步走：水平数学化、垂直数学化。所谓“水平数学化”，就是把现实问题转化为数学问题，它包括确定情景问题中包含的数学成分，建立数学成分与已知的数学模型之间的联系，通过不同方法使这些数学成分形象化和公式化，找出蕴含其中的关系和规则，考虑相同数学成分在不同情景问题中的表现，做出形式化的表述等。“水平数学化”的核心就是数学抽象。所谓“垂直数学化”，就是把数学问题转化为抽象的数学形式，它包括用公式表示关系，对有关规则做出必要的推理，尝试建立和使用不同的数学模型，对得出的数学模型进行调整和加工，综合不同数学模型的共性并形成功能更强的新模型，用数学公式和语言精确表述所得到的新概念和新方法等。“垂直数学化”的发展轨迹是从数学问题到数学对象、结论，核心是数学推理。“数学化”的过程可以用图 4.2 来表示。这一过程中蕴含着抽象、推理、建模的数学基本思想，体现了数学的特质。

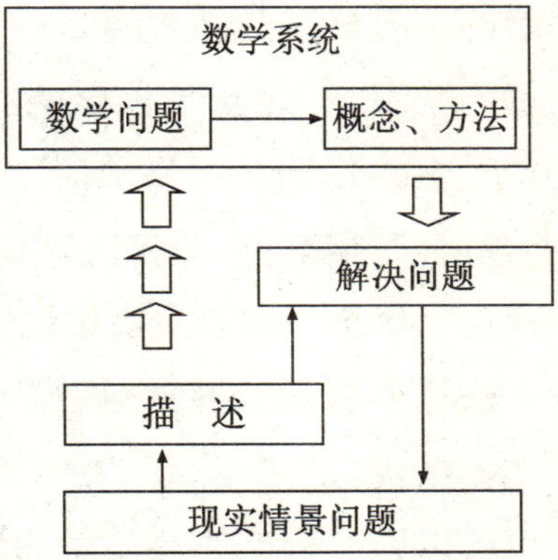

图 4.2

第二，数学活动是学生自己建构数学知识的活动。建构主义理论认为，学习不是对教师所授知识的被动接受，而是学习者以自身已有的知识和经验为基础进行的主动建构的活动。真正的数学学习活动中都存在一个对所学内容进行“理解”或“消化”的过程。这里的“理解”并不局限于弄清楚教师的“本意”，而是要求学生根据自身已有的知识和经验对教师所讲的内容做出“解释”，从而使其成为对自身有意义的知识。这里的“消化”则是指学生把新学习的内容纳入自己已有的认知框架，从而使其成为整个知识结构的有机组成部分。以上分析，充分表明了“再创造”的性质，即它是一种特殊的“意义赋予”，能使新的学习材料在学习者头脑中获得特定的意义，能在新的学习材料与学习者已有的知识和经验之间建立实质性的、非任意的联系。[①] 这在某种程度上和《课程标准（2011 年版）》所提出的“学生的数学学习活动应当是一个生动活泼的、主动的和富有个性的过程”相吻合，同时也和“数学现实”相关联。按照弗赖登塔尔的观点，每个人都有自己生活、工作和思考着的特定的客观世界，以及反映这个客观世界的各种数学概念、运算方法、规律和有关的数学知识结构，这些就是“数学现实”。

可以说，学生的数学学习就是基于他们的生活基础和数学现实而展开的“再创造”过程。记得二十年前的数学教材中有这样一道数学题：“有一台播种机，作业宽度 1.8 米。用拖拉机牵引，按每小时 6 千米计算，每小时可以播种多少平方千米？”二十年前的农村小学生，没有见过播种机（城里的孩子就更不用说了），他们不理解题目中的“作业宽度”，他们觉得“作业”就是指他们平时做的语文作业、数学作业，怎么“作业”还有宽度？如果在今天的数学教学中遇到这个问题，我们可以组织学生去实地观察播种机播种的场景，可以播放一段视频或制作多媒体课件进行演示，从而使问题得以解决。可在当时并没有这样的条件，那么当时是怎么解决这个问题的呢？有的教师为学生做了这样的演示：教师先在黑板上用粉笔涂上一大片，看成是“待播种的地”，再让学生手拿黑板擦当“播种机”，然后让学生将黑板擦按在黑板上“开始播种”，黑板擦慢慢地前进，黑板上渐渐地出现了长方形空白。结合图示，学生明白了黑板擦的长度相当

---

① 郑毓信．数学教育哲学［M］．成都：四川教育出版社，2001.

于空白部分的宽度，也就是播种机的“作业宽度”。这个问题其实也可以用现在的卷纸来演示，一卷纸慢慢打开，就好比播种机在向前走，卷纸的宽度就是“作业宽度”。还有一次，学生做“一根黄瓜长约 3（　　）”的练习，不少人填的都是“厘米”，原因很简单，他们都是在城里长大的，没见过挂在瓜藤上的黄瓜，也很少去菜市场买菜，他们印象最深的是餐桌上水果盘里的黄瓜小段。可见，小学生学习数学过程中的思考和创造，都离不开他们的生活经验和知识基础。

三、以“学会思维”为核心，培养学生的理性精神

“数学是思维的体操。”这句经典名言一定程度上表明了在小学数学教学中“思维”的含金量。事实上，数学思维和一般思维之间存有很多的共同点，如数学中的抽象、概括、分类、比较、归纳、演绎等同时也是较为基本的一般性思维，在数学之外有着十分广泛的运用。但尽管如此，数学中的归纳、推理、分类等又都有一定的特殊性。小学数学教学的重要特点就是通过具体数学内容的教学既要帮助学生学会抽象、类比等一般性的思维方法，同时又要帮助学生超越一般思维而走向数学思维，初步领略数学思维的特殊性，并在这个过程中学会运用数学思维。重视数学思维正在成为国际数学教育界的普遍趋势。比如，在教学圆的相关知识时，有的教师沿着“是什么？（圆）”“为什么？（圆的特点）”“怎么做？（如何操作得到圆）”“为何这么做？（这样的操作和圆的特点是怎样关联的）”“一定要这样吗？（还有什么与圆的特征有关）”这五步程序教学，让学生在认识圆的过程中既能学到研究的一般方法，又能领悟到数学思维的深刻性与创造性、灵活性与综合性、清晰性与严密性。即便是在一年级认识数、研究数的组成这一学习过程中，也涉及有序列举、一一对应等思维方法的启蒙和运用。由此可见，让学生在数学教学中学会“数学地思维”并“通过数学学会思维”是非常重要的。

教师在指导学生学会思维的过程中，还应该注意培养和发展学生的理性精神。对小学数学的教与学而言，还很难处处体现出绝对

的逻辑和严格的推理（比如一年级的学生是“看”出正方形的四条边相等的，而二年级的学生是“量”出、“折”出正方形的四条边相等的），但是随着年级的升高、学习内容的变化，我们可以对学生提出不同层次的要求，并在此基础上培养学生的思辨能力和理性精神。克莱因说：“在最广泛的意义上，数学是一种精神，一种理性的精神。正是这种精神，使得人类的思维得以运用到最完善的程度，亦正是这种精神，试图决定性地影响人类的物质、道德和社会生活；试图回答有关人类自身存在提出的问题；努力去理解和控制自然；尽力去探求和确立已经获得知识的最深刻的和最完美的内涵。”① 在小学数学教学中培养、发展学生的理性精神，可以在深层次上激发学生学习数学的动力和热情，使他们获得“理智欢乐”。有教育哲学理论家认为：“学习知识对于人类而言不仅意味着实际的用途，也意味着理智的欢乐，所以课程的目的不能仅仅局限于给予学习者一些实用的知识，而且也要能够给予他们一种理智的快乐——一种经过严肃认真的思考后豁然开朗的情感体验。这种理智的欢乐对于学习者的吸引力要超越任何外在的奖赏。尽管这种理智的欢乐超越任何实际的用途，但是它对于人类个体保持认识的积极性以及整个精神生活的健康来说是必不可少的。显而易见，没有这种理智上的欢乐，课程内容的学习就会变成一种有用但无趣的活动，变成一种不求甚解的机械记忆或练习，甚至变成一种沉重的心理负担，威胁到学生的身心健康。”②

上述对小学数学教学特点的分析，重在表明小学数学教学的特殊性。事实上，任何教学行为都会受到隐藏在深层的学生观、课程观、教学观的影响，无论怎样的课程标准和教学样式，都要求我们必须始终让每一个学生都处在自然本真、平等、被尊重的中心位置，让他们拥有明确的主体意识，只有这样，数学教学才能真正走向互动互惠、整体协调、共生发展的理想境地。

---

① 邓东皋，孙小礼，张祖贵．数学与文化［M］．北京：北京大学出版社，1990.

② 石中英．教育哲学导论［M］．北京：北京师范大学出版社，2002.

这样的理想境地是以真诚为基础的。我国学者肖川认为，完美的教学必定有两个不可或缺的要件，那就是深刻和真诚。所谓“深刻”，意味着能够给学生以独具匠心、别有洞天之感，能够唤起学生的惊异感和想象力，能够使学生茅塞顿开、豁然开朗。所谓“真诚”，意味着师生之间坦诚率直，彼此都尽情地表露瞬间的感情和态度；意味着师生的一言一行都是发自内心的真实感受，所表达的一切都是从心灵深处流溢出来的切肤之感，没有矫揉造作、故作姿态，没有“为赋新词强说愁”的无奈与空洞，有着自然、真切与和谐之美。[①]《课程标准（2011 年版）》在“教学建议”中提出，教师“要创造性地使用教材，积极开发、利用各种教学资源，为学生提供丰富多彩的学习素材；关注学生的个体差异，有效地实施有差异的教学”。我认为，“深刻”主要来自于教学资源的丰富性和教学组织的灵活性，而“真诚”则来自于内心的信念。在课堂上，所谓的“好”与“差”、“对”与“错”其实都是相对的。如果学生“出错”时教师都能顺势引导，使其得到“对”的结论，或者教师能将“错的”和“对的”进行比较，使多数学生对“对的”东西有更清楚的认识，那么我们就应该感谢那位为我们提供了“错”的同学，为其出现的“错”而鼓掌。出“错”不是错，只要讲真话就应该赢得掌声，这是课堂求“真”的价值基石，也是实施有差异的教学的精髓所在。

如此看来，“真诚”不只是信念，也是“技术”。教师既要为学生的学习做出示范，发挥表率作用；又要以开放的心态，尊重、理解、接纳学生的想法、做法，从学生的“错误”中分析他们思维的线索、情感的发展，为他们创造一个心理安全的学习环境；还要在关键时刻引领学生以更广阔的视野看问题，对教学信息进行更高水平的重组与点拨。[②] 在重组和点拨的过程中，学生会逐步明白课堂中每个人都是平等的主体，认识上、思维上、语言上、个性上的差异都是集体学习不可缺少的资源，课堂会因此而丰富多彩，灵动多变，闪烁智慧

① 肖川．教育的理想与信念［M］．长沙：岳麓书社，2002.

② 柳夕浪．走向共生［J］．人民教育，2003，(23)．

的光芒。

这种观念的植入，会让每一个学生都活跃起来，会让他们变得敢想、敢说、敢参与、积极主动、自信阳光、团结和睦，会让所有处在边缘的学生都回到中心，成为“首席”。罗素认为，观点的自由是学习自由中最重要的一种自由，也是学习自由中“唯一的一种不需要任何限制的自由”。学习自由主要是指学生在学习过程中自主表达自己独特观点的自由，也就是使他们的思想免于任何外在强迫、压制或灌输的自由。[①] 建立在这种基础之上的自主学习与合作学习，将走出形式上的误区，从而实现真正的自主参与和合作探究。数学教师在这方面应该有所作为。

---

① 石中英. 教育哲学导论［M］. 北京：北京师范大学出版社，2002.

第五章　“数与代数”的教学实施

第一节　概　　述

“数与代数”是义务教育阶段数学课程的重要内容。《课程标准（2011年版）》中对“数与代数”所包含的内容界定为数的认识、数的表示、数的大小、数的运算、数量的估计、字母表示数、代数式及其运算、方程、方程组、不等式、函数等。贯穿其中的主线是：从数及数的运算到代数式及其运算，再到方程和解方程、函数……在数的认识中，要理解从具体数量抽象出数，理解由自然数到分数、小数，再到有理数、实数的扩充；在数的运算中，要学会从整数、小数、分数的四则运算到有理数的运算、乘方和开方的运算等。这条主线在本质上体现为两点：一是从常量到变量，二是从等量关系到不等关系、变化关系。

“数与代数”在教材内容中所占比重最大是全世界各国小学数学教材的共同特点。有资料显示，韩国数学教材中仅“数与计算”所占的比例就达到70%[①]，我国教材中这部分内容所占的比例也在60%左右。因而，这一内容的教学实施在整个教学实施中举足轻重。在《课程标准（2011年版）》最后所附的82道例题中，有32道是有关“数与代数”的（例1～10，例23～31，例47～57，例80和例81）。研读这些例题，可以感受到“数与代数”内容教学和实施的一些“新的气息”。

① 袁慧娟，唐彩斌．韩国小学数学教材建设的经验与启示——韩国东州大学校长朴成泽教授访谈录［J］．小学教学（数学版），2012，(4)．

比如，附录例 6“学校组织 987 名学生去公园游玩。如果公园的门票每张 8 元，带 8000 元钱够不够?”这是大家很熟悉的估算题，估算的方法比较简单、直接（公园门票的价格是 8 元，可以将 987 人估计成 1000 人，由此得知 987 与 8 相乘的结果肯定比 8000 小，所以带 8000 元够了），似乎没有太多的东西可以挖掘。但是看看《课程标准（2011 年版）》中对本例题的说明：“本例的目的是希望学生了解在什么样的情境中需要估算。能结合具体情境，选择适当的单位是第一学段估算的核心。”选择适当的单位，既包括选择适当的计数单位，也包括选择适当的计量单位。此例题中将 987 人估计成 1000 人，“1000 人”就是最适当的单位。说明中还提到：“一般来说，估计教室的长度时，通常以‘米’为单位；估计书本的长度时，通常以‘厘米’为单位。也可以用身边熟悉的物体的长度为单位，如步长、臂长等。”这就从原来对估算方法的重视，上升到对数学思考和灵活思维的训练。前者重技术，后者重智慧。

再比如，附录例 81 是关于百分数的认识的题目，虽是“比较老”的教学内容，但是这一次却“老调新唱”，一反惯常的那种先从对某个具体问题（比如，三个人投篮，谁投得更准）的数据分析中引出百分数信息，然后教学百分数的意义、读写、应用，而是让学生课前收集生活中常见的饮料包装盒、衣服标签、报纸、玩具说明书等物品上的百分数信息，课堂上先展示，后交流，并鼓励学生围绕“百分数”提问题。在学生提问的基础上师生一起把问题归纳为：(1) 为什么要用百分数？(2) 在什么情况下用百分数？(3) 百分数是什么意思？(4) 百分数与分数有什么联系？在对问题进行归纳后，教师可以先让学生分小组讨论，尝试回答，然后和学生共同提炼出本节课所要学习的知识。在此基础上，教师还可以进一步引导学生思考：还可以创造什么数（如十分数、千分数等）？这样的教学过程，变“顺流而下”为“逆流而上”，变“教师引导”为“学生主导”，具有很浓的研究性、探究性学习的味道，体现出开放性和生成性，同时也极具挑战性和创新性。它充分体现了《课程标准（2011 年版）》提出的重视学生在学习活动中的主体地位的精神，即“学生获得知识，必须建立在自己思考的基础上”“学生在获得知识技能的过程中，只有亲身参与教师精心设计的教学活动，才能在数学思考、问题解决和情感态度方面得到发展”。

从对每一道例题的研读中，我们看到的多是“散点状”的风景。在《课程标准（2011 年版）》的“课程总目标”中对“数与代数”有这样的概括性表述：“经历数与代数的抽象、运算与建模等过程……建立数感、符号意识。”在 10 个核心概念中，“数感”“符号意识”“运算能力”“模型思想”等也都是和“数与代数”直接关联的。这样的总目标和总要求，对于我们从宏观上来思考“数与代数”内容的教学设计与实施具有重要的指导作用。

第二节　实施要点

一、关注“数与代数”内容的现实背景

“数与代数”在数学课程中的重要位置，不仅在于其在教材内容中占比量最大，还在于这些内容是整个数学体系的根基和数学学习后续发展的基础。从《课程标准（2011 年版）》中对“数与代数”部分的教学内容和要求的说明来看，“现实情境”“生活情境”“具体情境”“简单情境”等词语出现的频率都非常高，特别是在第一学段。这就表明，这部分内容的教学设计和实施，要充分依托学生的现实背景，让他们感受到数学与生活的关系，比如学生的学号、班级人数、身高等都和数、数序、数的大小有关；教室里的座位编排和乘法意义有关；速度、路程、时间三者的关系和乘、除法的互逆关系有关；方程中的等量关系和天平平衡关系有关；乘法分配律和生活中购买两种单价相同的水果可以将两种水果装在同一个袋子里一起计价有关……可以说，现实背景对“数与代数”内容的支撑越有力，学

生对“数与代数”内容的理解就越清晰、明白、鲜活。当然，要达到这样的效果，基于现实背景的“意义”解释也很重要。这就是说，教师要能紧扣教学内容所联系的“现实情境”“生活情境”“具体情境”，对数、量、式及其关系等进行生动的、具体的“意义”解释，让学生更加充分地理解枯燥的数、量、式及其关系的具体含义，明白其背后所隐藏的丰富内涵。

比如，在一年级教学“整十数”时，教师可以联系学生上体育课的情境来展开教学：学生面对着教师，所有的学生都散乱地站着，上课后，教师准备先整队，清点人数，然后发放运动器材。怎样站队，才能一眼就看出有多少名学生呢？在学生提出自己的想法后，教师出示 10 人一排的队形，引发学生进行深入思考：为什么 10 人一排地站队，就很容易看出总人数呢？这一过程，能将“整十数”的产生需要融入其中，并能在“变乱为序”的过程中让学生感悟以“10”为组合单元的“整十数”的含义。如果更开放一点，教师也可以通过“抓一把黄豆，让学生思考怎样清点后才能让人一眼看出有多少颗黄豆”的操作活动，将“整十数”从一般自然数的背景中“提取”出来，此举亦能达到异曲同工的效果。

在让学生初步“认识小数”时，大多数教师会将一位小数和十分之几的分数（十进制分数）之间的联系作为教学重点，教学基础是学生对十进制的长度单位和十进制的价钱单位的了解。不过，从学生已有的生活经验来看，他们在生活中对“小数表示长度”的感受远远没有“小数表示价钱”的感受来得丰富和深刻。有人曾经对县城小学、乡镇中心小学、村小、边远地区的 1200 名未曾在数学课堂上学习过“小数”的三年级学生做过调查，其中知道“0.4 元”是小数的学生占总人数的 52.8%，知道“0.4 元是 4 角”的学生达到 71.6%。因此，从学生生活经验的角度来看，选择以“小数表示价钱”作为例题素材比选择以“小数表示长度”作为例题素材更为合适。如果再深入地思考，我们还可以发现，因为学生缺乏足够的“小数表示长度”的经验基础，“米还可以写成 0.5 米”这一直接表明分数、小数之间关联的结论，教师除了采用讲解的方式直接“告诉”学生，别无他法。相反，如果由小数形式的价钱（比如0.4元）开始教学，教师就可以利用学生已有的“0.4元也就是4角”的生活经验，引导学生进一步探讨“0.4元”和“1元”的关系，在涂涂画画的探究过程中将小数的意义直观地展现在学生面前，从而帮助学生较为深入地理解小数和分数的内在关联。

再比如，三年级教学认识分数时，大多数教师会从分东西入手，即两个小朋友平均分4个苹果、2瓶矿泉水，每人分得物体的数量都是整数；继而探究两个人平均分1个蛋糕，每人分得半个，即$\frac{1}{2}$个；接着教学$\frac{1}{2}$的写法，以及各部分的名称。这种教学思路自然、流畅，但是学生真正的主体性参与很少，学生对$\frac{1}{2}$的意义理解比较浅薄。我在教学这一内容时，采用的是直奔主题的方法。在板书课题“认识分数”后，我先让学生说说平时有没有见过分数，让他们自由地说几个分数，然后请他们以“二分之一”为例，联系生活说说它的意思。有的学生说：“我有一个苹果，将它切成两半，其中的一半就是二分之一。”有的学生说：“我用一百元买文具，花掉五十元，就是花掉了二分之一。”还有的学生说：“一张纸，沿着中间一折，折痕的一边就是二分之一。”……这些说法中虽然没有一个是用标准的数学语言对分数的意义进行表述，但是细细品读，其实每一位学生都讲得非常好、非常到位，甚至超出了教材设定的三年级初步认识分数的教学范围。接下来我拿出一张纸，说：“假设这张纸表示你们刚才提到的一个苹果、一百元、一张纸……你能用它来表示出二分之一吗?”待学生操作完之后，我和学生共同梳理了操作要点：平均分、一共分2份、涂上1份。到这时，我再让学生设想这个“二分之一”的分数该怎么写，并让学生进一步思考为什么写成$\frac{1}{2}$的形式好，这种形式是怎么把刚才大家提到的“平均分”“一共分2份”“涂上1份”等要点简约地表示出来的。其后，我顺势介绍“分数线”“分母”“分子”等概念。

接着我让学生变换分子、分母得出不同的分数，并联系实际解释新产生的这些分数的含义，用图示来表示每个分数。这样的教学方式，不仅使学生对分数的认识根植于生活经验，而且还通过语言讲述、图形描述突出了“平均分”“平均分的总份数”“表示的份数”等分数特有的本质，而变化分子、分母产生新分数的过程则暗含着分数模型。教学过程流畅，学生学得自主、灵活，理解得深刻。

实施新课程以来，数学概念的教学出现了较大的变化，其中较为明显的就是教材中的很多概念不再像以前那样给出明确的定义。出现这样的变化，并不是说概念不需要定义，也不是说概念的意义可以模糊不清，更不是说概念可以随便教。那么该如何看待这样的变化呢？我个人认为，小学阶段的许多概念表述都不是严格意义上的“定义”，数学概念的学习应该注重对概念本质的理解，而不应纠缠于文字的表述，更不应该变成对所谓文字定义的机械记忆。《课程标准（2011 年版）》中指出：“数学知识的学习，应注重学生对所学知识的理解。”那么如何判断学生是否理解了所学的数学知识了呢？评价的标准固然有很多，但是，学生能对所学的知识进行生动的解释，应该是最为重要的评价标准。社会学家韦伯认为：“理解和解释并不相互排斥，恰恰相反，它们是相互关联、相互说明的。因此，必须把理解和解释联系起来考虑，理解是解释的前提，而解释也是一种理解。”因此，数学概念教学中要倡导和追求“解释性理解”——学生在学习数学概念时，能够用熟悉的事实或事例对概念的本质进行描述或做出解释。这种理解不同于用数学的符号语言或用精准的文字来对概念进行定义，它更加丰富多样，且带有个性化色彩，所触及的是概念的本质内涵。因而，“解释性理解”可以看作数学课程改革背景下概念教学的一次转型，也可以说是概念教学的一种境界。

对“数与代数”各部分内容的理解除了要结合现实情境、生活情境以外，也要结合具体的学习情境。《课程标准（2011 年版）》附录例 2“将数 50，98，38，10，51 排序，用‘＞’或‘＜’表示，用大得多、大一些、小一些、小得多等语言进一步描述它们之间的关系。”

教学该内容，就要充分考虑学生可能想出的多种排序思路。例如，他们可能会先找出最小（大）的，然后在剩余的数中再找最小（大）的；或者先固定一个数（如 50），再拿第二个数（如 98）与之比较，然后将第三个数与前两个数比较，根据它们之间的大小关系决定排序位置。无论学生的出发点如何，只要他们思路清晰、排序正确即可。在排序时，学生可以边比较边排序，先比较好了，再排序定型；可以先写出从大到小的结果形式“（　　）＞（　　）＞（　　）＞（　　）＞（　　）”，然后根据每次比较的大小情况填空；等等。这里要特别注意用语言描述几个数之间的大小关系时结论的相对性，例如，可以说 51 比 50 大一些，98 比 10 大得多，而 50 比 38 是大一些，还是大得多，要看具体的情况和题目给出的数据。我们一般要根据题目给出的所有数据来进行判断，不能出现类似“50 比 10 大一些，50 比 38 大得多”这种逻辑上的混乱。

二、让学生经历“数与代数”的抽象、运算和建模过程

让学生经历抽象、运算和建模过程，是“数与代数”部分教学总目标的第一条要求，而数学抽象、数学推理、数学模型是最基本的数学思想。因此，对这一目标要求的落实，就是要在教学中体现数学基本思想，让学生不断地感悟数学基本思想。“数与代数”内容的学习只有上升到“模型”“建模”的意义上，才是一种真正的数学学习。理论上讲，通过抽象，人们能把外部世界与数学有关的东西吸收到数学中来，形成数学研究的对象，其思维特征是抽象性强；通过推理，人们能得到数学的命题和计算方法，促进数学的发展，其思维特征是逻辑性强；通过模型，人们能创造出具有表现力的数学语言，构建起数学与外部世界的桥梁，其思维特征是应用性强。因而，“建模”的过程，实际上就是“数学化”“符号化”的过程，是学生在数学学习中获得某种带有“模型”意义的数学结构的过程。这其中，抽象是数学学习的起点。

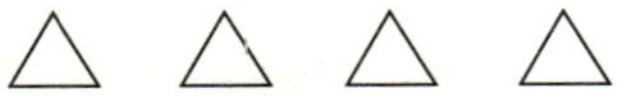

摆 1 个三角形用 3 根小木棒；

摆 2 个三角形用小木棒的根数是：2 × 3；

摆 3 个三角形用小木棒的根数是：(　) × 3；

摆 4 个三角形用小木棒的根数是：(　) × 3；

摆 a 个三角形用小木棒的根数是：(　) × (　)。

图 5.1

在教学“用字母表示数”时，为了说明字母可以表示不确定的数，很多教师会让学生用小木棒摆三角形（如图 5.1）。摆 1 个三角形需要 1×3 根小木棒，摆 2 个三角形需要 2×3 根小木棒，摆 3 个三角形需要 3×3 根小木棒，摆 4 个三角形需要 4×3 根小木棒……在学生初步列举出几种摆法后，教师让学生照这样继续写下去。学生可能一时没有弄明白教师的意图，有的学生就拼命地写，他们以为写得越多越快就越有本领；有的学生写着写着就不高兴再写下去了，说写得太累，永远也写不完（这是教师期待出现的结果）。教师提问：“写不完，怎么办呢？”有学生说用省略号，有学生说写不完就不写了。无奈之下，教师只好再提问：“能用一个式子来表示出所有的情况吗？”于是，“a×3”这个含有字母的式子“千呼万唤始出来”。回想一下，这个过程是从让学生“苦其心志，劳其筋骨”这个角度来设置的，并没有太多地触及字母可以表示不确定的数的本质。实际上，在学生得出 1×3、2×3、3×3、4×3、5×3……等算式后，教师可以直接让学生思考：这里的算式，每一个都只能表示一种情况，或者说，一种摆法就要写出一个算式，你有什么办法可以只写出一个式子，就把所有的情况都包括进去吗？这个具有“一网打尽”的威力的式子你能创造出来吗？在此基础上，学生概括性地提出“a×3”这一含有字母的式子不仅很自然，而且学生对式子中的字母“a”所代表的含义也理解到位了。

抽象只是学习的起点，而不是终点。教学中，更重要的是要在抽象的基础上，提取数量关系，建立起数学模型。如“搭配规律”最常见的教学方法就是先让学生对诸如“2件上衣、3条裤子有多少种不同搭配方式”进行研究，得出“上衣件数×裤子条数＝搭配方法总数”，然后让学生运用此公式解决实际问题。在教学时，如能突破教材思路，向前延伸，向后拓展，以“一个几”为母体，生出“几个几”，再迁移到“几个几”的组合，由简到繁，化繁为简，则能充分彰显数学基本思想和模型的力量。具体教学过程简介如下：

1. 如图5.2，小华有一件蓝色上衣，三条裤子，他可以怎样搭配衣服？

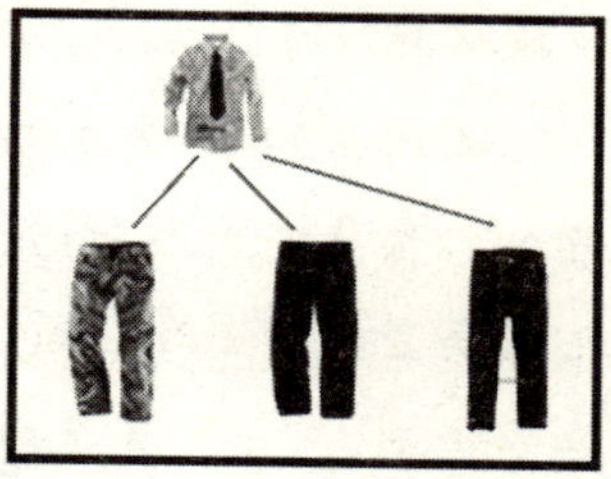

图5.2

2. 再增加一件上衣，有多少种不同的搭配方法呢？同桌合作，借助学具模拟着摆一摆。

(1) 交流：从上衣出发，有3＋3＝6种搭配方法；从裤子出发，有2＋2＋2＝6种搭配方法。无论是3＋3＝6，还是2＋2＋2＝6，都可以用“2×3”来表示。

(2) 尝试用简单的方式将所有搭配情况表示出来。

小结：用数字、字母等符号来表示，简洁明了（如图5.3）。

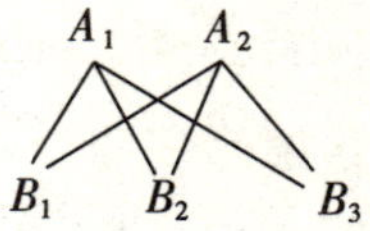

图5.3

(3) 思考：为什么增加了一件上衣，就多出了3种搭配方式？

(4) 类推：如果变成4件上衣，搭配方法的总数会变成多少？如果上衣不变，增加1条裤子、2条裤子，搭配方法的总数又是多少？

小结：增加1件上衣，搭配方法总数就增加1个3，而增加1条裤子，搭配方法总数就增加1个2。

(5) 总结：上衣件数×裤子条数＝搭配方法总数。

(6) 思考：为什么要用乘法呢？

3. 建构乘法模型。

(1) 小华从家去少年宫要经过街心花园，从家到街心花园有2条路，从街心花园再到少年宫又有4条路。从小华家到少年宫一共有多少条不同的路线可以走？

（如图 5.4，教师可先引导学生用 A_1、A_2、B_1、B_2、B_3、B_4 来分别表示这 6 条路，然后再让学生思考）

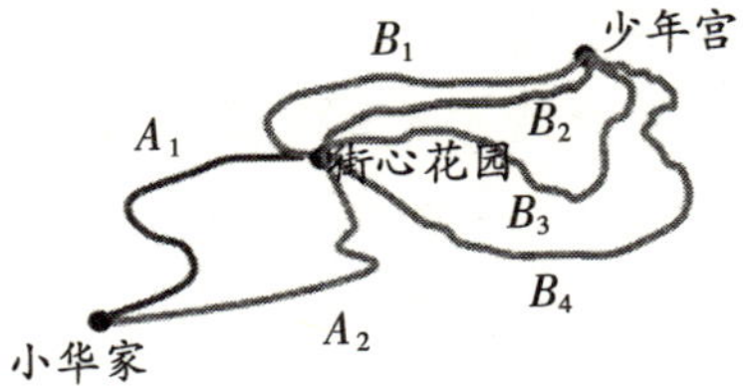

图 5.4

集体交流，比较：这道题跟刚才的服装搭配题有什么相似之处？（第一段路相当于上衣，第二段路相当于裤子）

（2）从 25 名男生和 12 名女生中挑选出 1 名男生和 1 名女生做主持人。有多少种不同的挑选方法？（集体交流，贯穿 25×12＝300 的连线模型，如图 5.5 所示）

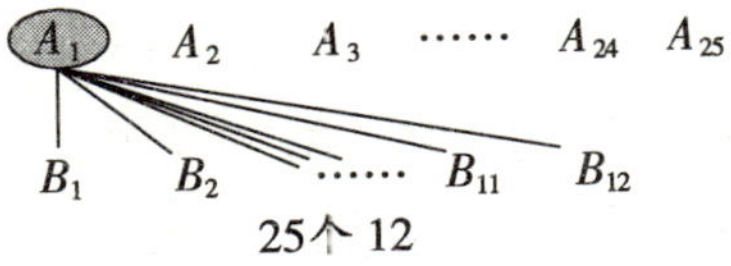

图 5.5

（3）食物搭配。从 3 种荤菜、2 种素菜、2 种汤、2 种水果中挑选一荤一素、一荤一素一汤、一荤一素一汤一水果，各有多少种不同的搭配？

比较，概括：每增加一种新的搭配品种，就会多出一个乘数。搭配和乘法就是这样巧妙地关联着。

上述关于“搭配规律”的教学，从生活中的具体事例出发，让学生在解决具体、现实的问题时初步感知数量之间的关系（几个几相加），逐步抽象出“□×□”的运算方法。在这一过程中，学生经历了实物操作、图示表达、抽象概括等步骤，拾级而上，能力逐层提升，一步一步地从生活向数学的内核逼近。教师十分注重在数学抽象的基础上引导学生逐层深入地进行推理研究，从 A_1 与 B 组元素（B_1、B_2……B_n）的搭配出发，让学生联想到所有的搭配种数都可以表示为“几个几”相乘，从而建立起数量间的乘法关系模型。之后，教师引导学生用发现的规律去解决更多的实际问题，举一反三，触类旁通，体现了数学的模型思想。这样的教学，也正体现了《课程标准（实验稿）》中提出的“数学教学应从学生已有的生活经验出发，让学生亲身经历将实际问题抽象成数学模型并进行解释与应用的过程”这一要求。

“正比例的意义”是小学高年级数学的常规教学内容，和以往的教材相比，新课标教材中除了增加了正比例图像外，并无多大的变化。这也使得大多数教师教学这一内容时总是“穿新鞋，走老路”——先通过一组数据分析，得出正比例的意义，然后根据正比例的意义判断两个相关联的量是不是成正比例关系。事实上，成正比例关系的两个量可以是路程和时间，也可以是单价和总价，还可以是长方形的面积和长……但是，成正比例关系的两个量的比值图像都是一条“直直的斜线”，这种图像也在一定程度上成为正比例关系的模型。教师在教学时可以突出这样的图像模型意义，以凸显正比例的含义。具体教学设计如下：

一、生活隐喻，引出“关联”

导入：同学们，只要留心观察，你就会发现我们生活在一个充满联系的世界中。

（动画演示“风吹——草动”“水涨——船高”的自然现象）

提问：“风吹草动”“水涨船高”的自然现象中隐藏着怎样的联系呢？

小结：一种变化往往会引发另一种变化，这样的例子在自然界和日常生活中都有很多。那么，在数学中是不是也有这种相关联的问题呢？（板书：关联）我们先来做一个实验。

二、实验取材，图示“关联”

1.（出示量杯）这个量杯中装有50毫升水，如果把这些水倒入玻璃筒中，那么筒中水的高度是多少呢？请一名同学到前面来量一量。（2厘米）

2.现在这个量杯中装了100毫升水，如果把这些水也倒入相同的玻璃筒中（将100毫升水倒入第二个玻璃空筒），那么这个筒中水的高度是多少呢？也请一名同学来量一下。（4厘米）

3. 从刚才的两次实验中，你看到了什么“关联”？（水的体积增加，水的高度也随着增加）简单地说，也就是一种量变化，另一种量也随着变化。（板书：一种量变化，另一种量也随着变化）水的体积变化，水的高度也随着发生变化，我们就说水的体积和高度是两种相关联的量。（板书：两种相关联的量）

4. 如果往第三个同样的玻璃杯中倒入 150 毫升的水，你能确定筒中水的高度吗？（6 厘米）如果倒入 200 毫升的水，水的高度是多少？如果倒入 250 毫升、300 毫升水呢？学生回答后形成下表：

水的体积（单位：毫升）	50	100	150	200	250	300	……
水的高度（单位：厘米）	2	4	6	8	10	12	……

交流：为什么能很快地确定筒中水的高度？

思考：“水的体积扩大几倍，高度也随着扩大相同的倍数”背后的原因是什么？

5. 如果用横轴表示“水的体积”，纵轴表示“玻璃筒中水的高度”，这两种相关联的量的变化情况可以用图 5.6 表示出来。（电脑逐渐呈现从 0 开始把点连接起来的红色直线，并渐渐隐去杯子）

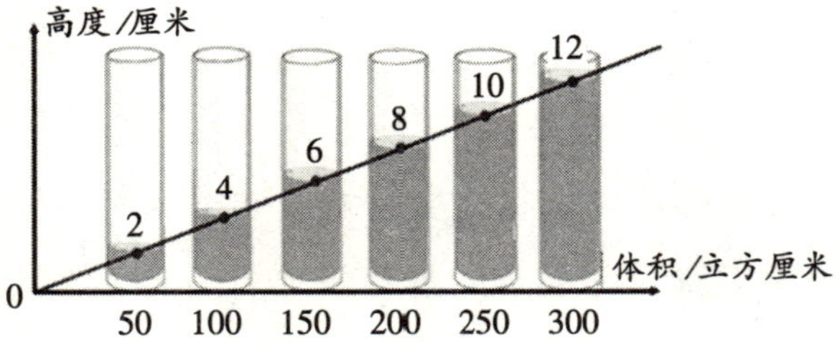

图 5.6

三、对比研究，强化模型

1. 出示两张表格。

表一：一辆客车在公路上行驶，行驶的时间和路程如下表。

时间/时	1	2	3	4	5	6	……
路程/千米	80	160	240	320	400	480	……

表二：一辆货车在公路上行驶，行驶的时间和路程如下表。

时间/时	1	2	3	4	5	6	……
路程/千米	80	160	210	280	355	420	……

讨论：从上述两个表格中能看出相关联的量吗？将表格中的数据分别用方格图来表示，你有什么发现？

2. 学生绘图，全班交流。

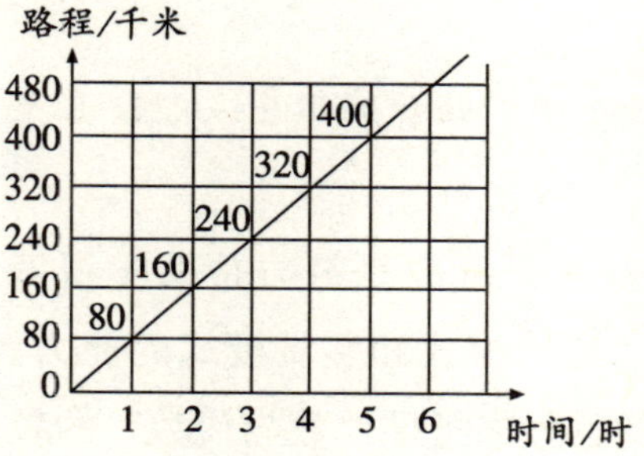

图 5.7

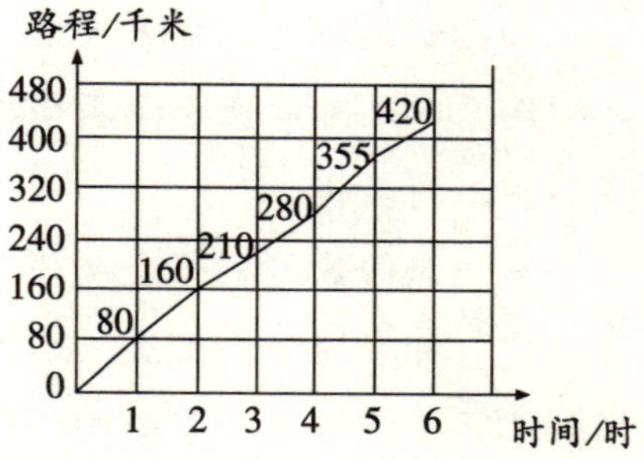

图 5.8

根据图 5.7 和图 5.8 分析：

表一：$\frac{\text{路程}}{\text{时间}}$＝速度（一定）

表二：$\frac{\text{路程}}{\text{时间}}$＝速度（不一定）

3. 哪种情况和前面倒水实验中相关联的量之间的关系是相似的？

小结：倒水实验中，水的体积和高度这两种相关联的量之间具有$\frac{\text{体积}}{\text{高度}}$＝底面积（一定）的特征，这种情况下我们就说水的体积和高度成正比例；表一中路程与时间这两种相关联的量之间具有$\frac{\text{路程}}{\text{时间}}$＝速度（一定）的特征，这时我们就说路程和时间成正比例。（板书：成正比例）

追问：表二中的路程和时间也是相关联的量，并且它们也有$\frac{\text{路程}}{\text{时间}}$＝速度的关系，能说货车行驶的路程和时间成正比例吗？

思考：根据图 5.7 和图 5.8，可以确定客车和货车行驶 7 小时的路程吗？（客车 560 千米，货车不能确定）

提问：如果用字母 x 和 y 分别表示两种相关联的量，用 k 表示它们的比值，正比例关系可以用怎样的式子来表示呢？我们常习惯写成：$\frac{y}{x}=k$（一定）

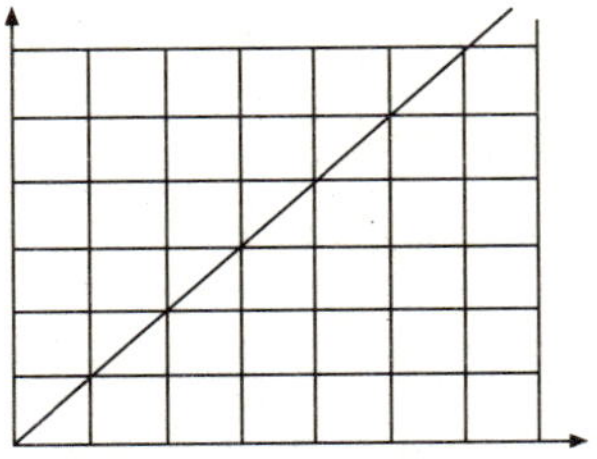

图 5.9

揭题：这就是这节课我们所要学习的“正比例”。(板书课题)

四、创造联想，运用模型

图 5.9 还可以表示哪两个相关联的量呢？请你列举出一组，并至少写出三对数据。

数学是模式的科学。数学教学的基本目标应是努力帮助学习者逐步建立和发展分析模式、应用模式、建构模式和鉴赏模式的能力。虽然模式不完全等同于模型，但用模型思想来指导“数与代数”的教学无疑是实现上述基本目标的重要途径。

三、在多种关系的平衡中提升学生的运算能力

运算是数学课程的重要内容，也是现代公民应当具备的基本素质之一。义务教育阶段数学课程中的运算包括数的运算、代数式的运算、方程和不等式的运算、函数的运算。小学阶段主要学习数的运算（包括整数、小数、分数的四则运算）。能够按照一定的程序和步骤进行运算，称为运算技能。不仅会根据法则、公式等正确地进行运算，而且理解运算的算理，能够根据题目条件寻求正确的运算途径，称为运算能力。因为运算已经渗透到数学学习的方方面面，所以运算技能和运算能力强的学生，在数学学习的各方面表现都不会太差。培养运算能力也有利于发展学生的数学思维能力，能帮助他们感悟数学思想。数的运算的定义、法则、公式都是从实际中抽象出来的，学生学习、理解和掌握这些知识，都需要通过操作、观察，进行比较、分析、综合，在充分感知的基础上加以概括，进行简单的推理、判断，经历从具体到抽象、从特殊到一般的归纳过程。而在具体的应

用过程中，学生又要经历从抽象到具体、从一般到特殊的演绎过程。又因为运算是和专心、严谨、细致的学习态度和认真审题、工整书写、自觉检验的学习习惯紧密联系的，所以对学生运算能力的培养也关系到学生的观察、记忆、思维等能力的发展，关系到学生学习习惯、情感、意志等非智力因素的发展。

看似简单的数学运算，其实一点都不简单。人们在关注现实的同时，也在不停地对一些问题进行思考，如怎样看待算法“多样化”和算法“最优化”？如何做好算法和算理的统一？估算、口算、笔算怎样结合？在教育学生时，怎样把握任其发展和强化训练的度？学生使用计算器是否会产生依赖心理，从而降低他们的数学运算能力？何时使用计算器能够保证不削弱学生的基本笔算技能？如何保证数学理解力与数学技巧之间的平衡？……这些问题一直困扰着广大的数学教师。要解开这些“结”，并切实提高学生的运算能力，教师在教学设计和实施时，应特别注意在多种关系的平衡中找到“突围”的路。

1. “算理”和“算法”的关系

所谓“算理”就是计算过程中的道理，主要解决“为什么这样算”的问题。“算法”就是计算的方法，主要解决“怎样算”的问题。算理为计算提供了正确的思维方式，保证了计算的合理性和正确性，算法为计算提供了快捷的操作方法，提高了计算的速度。算理往往是隐性的，算法往往是显性的，它们相辅相成，对算理的探讨有助于学生发现算法、掌握算法。

小学生运算能力的核心是基本口算。所谓“基本口算”主要指20以内数的加减法和表内乘除法的计算。除了这些基本口算，要求学生掌握的还有简单的两位数加减法及100以内数的乘加、乘减、除加、除减等。在小数、分数四则运算中，也有相当数量的口算内容。那么学生在学习这些口算时，是否都要理解算理、掌握算法，并在理解算理的基础上掌握算法呢？我们不妨先从最简单的加法说起。“3+2”的结果怎样算？为什么这样算？对这两个问题，很多人都不能做出解释。我们往往脱口而出“3 加 2 等于 5。”我们运用的策略是“直接提取”，在我们的头脑中已经有了“3＋2＝5”这个现成的答案，因此，我们可以迅速地从长期记忆中提取相关的数学事实，这就是所谓的“计算自动化”。但是在小学一年级教学中，我们该如何处理“3＋2”的运算呢？一种常见的教法是让学生借用“数的组成”想得数，即因为 5 可以分成 3 和 2，所以 3＋2＝5。我们知道，在学习“3＋2＝5”之前，已有相当一部分学生知晓答案；我们也知道，有的学生最初是用数手指的方法得出结果的，之后，又由数手指发展为数数，即在 3 之后接着数两个数。这样的算法，在我们看来也许很幼稚，但这恰恰是最接近加法定义的算法。在递归算术中，自然数的加法可以用求继数的运算来定义。如求“3＋2”的和，就是求 3 的继数的继数，即在自然数中，从 3 往后数 2 个数，所以结果是 5。很显然，学习了一段时间之后，小学生在计算“3＋2”时也都形成了“计算自动化”，“3＋2＝5”已经储存于他们的记忆中。这时，算法已经脱胎于算理。学生学习基本口算就是先在头脑中构建一个“数学事实库”，继而完成从构建事实到提取事实的转化。

我们是否可以这样理解：学生在口算时，最初，可能有算法而不知算理；后来，知算法而且知算理；再后来，又是有算法无算理。这也就是说，在学生学习口算、探索与掌握算法的不同阶段，他们计算时对算理的把握经历了“无—有—无”这样一个过程。那么学生学习其他口算内容时，算法与算理是否也有这种脱离、融合、脱离的关系呢？在刚开始教学数学计算时，学生通常不理解算理，教师需要引导，否则学生的计算只会停留于形式化地计算，他们只是机械地掌握计算程序，知其然，而不知其所以然。但在学生理解了算理之后，教师却不应过多地纠缠于算理。

再比如简便计算。进行简便计算得依据一定的运算律，虽然小学阶段用到的运算律也就交换律、结合律、分配律、减法的性质、商不变性质等为数不多的几个，但是学生学习简便运算的整体情况并不理想。尽管学生在学习时对每个定律都掌握得不错，可是到了综合运用时，张冠李戴、思路不清等问题却时常发生。究其原因，还是因为学生在初学运算律时，大多只记住了外在的形式，练习时均是机械模仿，学生的思维没有被激活，所以遗忘就快。最初他们还能做到有算法有算理，可渐渐地，他们会变得思维混乱、思路模糊，所以也就有算法没算理了，错误率开始逐步上升。为了解决这个问题，我建议学生在进行简便运算时将每一步的运算依据写出来，格式如下：

272－45＋28－55		3.25×3＋3.25	
＝272＋28－45－55	【加法交换律】	＝3.25×3＋3.25×1	【添数】
＝300－（45＋55）	【减法的性质】	＝3.25×（3＋1）	【乘法分配律】
＝300－100		＝3.25×4	
＝200		＝13	

写出运算依据，既能增强学生简便运算需要“有根有据”的意识，也有助于记忆、理解运算律，虽是一个很小的“动作”，却有不凡的效果。经过多次练习，学生不仅能熟记各种运算律的名称，而且能熟练使用各种运算律。此时，教师就可以动员学生不再写出运算依据了。在这一过程中，运算定律从无到有，再从有到无，有助于让学生实现认识、思维、能力等方面的螺旋上升。

2.“多样”和“优化”的关系

算法“多样”是数学新课程强调的重要理念，它是学生数学学习走向自主和开放的必然要求。就其教学要求而言，“多样”是指课堂教学的整体状况因为学生理解、认识、思考的差异而出现“多样化”，对学生个体而言，并不过分强求学生对同一素材“一题多解”。但这并不意味着数学教学可以停留在对“多样”的列举上，倡导“多样”的最终目标是丰富学生对所学知识的感受，并让学生从中提取“优化”的运算方法和思维策略。这也就是说，算法“多样”追求的是尊重差异、尊重真实、尊重学生的原生态思考，而算法的“优化”就是让学生根据已有的知识经验，在多样化的算法中，找到一个普遍都能接受的最容易理解和掌握的算法，“多样”只有得以“优化”，才能更好地促进运算能力的提高。一位教师在教学“9 加几”时，让学生自主探索或者同桌合作，想办法算出“9＋4”的答案。交流环节，第一位学生借助小木棒数数，从 9 一直数到了 13，他得出 9＋4＝13；第二位学生先从 4 里面拿出 1，与 9 凑成 10，再用 10＋3，得到了 13；还有的学生直接把 9 看作 10，先加 4，再减去 1，结果也等于 13……教师对这些算法一一给予了肯定。其实，在本节课的教学中，应该重点让学生掌握“凑十法”的思考过程，但该教师并没有很好地加以重视。因此，在接下来计算“9＋5”“9＋6”“9＋7”等算式时，学生依旧用了多种口算方法，该教师又对每种方法都进行了肯定性评价，这使得部分学生无所适从，到下课时连最基本的“凑十法”也没有掌握。这样的教学就出了大问题了。

当然，“优化”不只是指“好中选优”，也包括“异中求同”，即从多样化的算法中找到“同一性”。比如在教学“异分母分数加减法”时，教师让学生先尝试解决“$\frac{1}{2}$小时＋$\frac{1}{4}$小时”这个实际问题，然后进行全班交流。可能会出现这样一些解题思路：

（1）通分：$\frac{1}{2}+\frac{1}{4}=\frac{2}{4}+\frac{1}{4}=\frac{3}{4}$小时；

（2）化小数：$\frac{1}{2}+\frac{1}{4}=0.5+0.25=0.75$ 小时；

（3）单位转化：$\frac{1}{2}$小时＝30 分钟，$\frac{1}{4}$小时＝15 分钟，30 分钟＋15 分钟＝45 分钟；

（4）画图：（如图 5.10）$\frac{1}{2}+\frac{1}{4}=\frac{2}{4}+\frac{1}{4}=\frac{3}{4}$小时

……

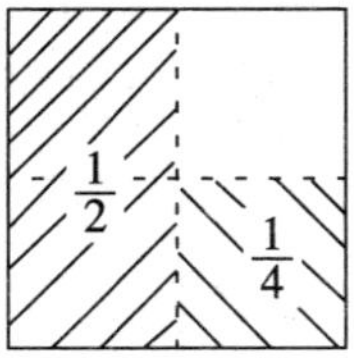

图 5.10

这些思路看起来差别较大，但透过多样化的表层可以发现它们内在的一致性：将“计数单位不同（不可以直接相加减）”转变成“计数单位相同（可以直接相加减）”。如果教师能在学生领悟了多种方法中蕴含的一致性的基础上，引导学生用心去感悟和体验各种方法的繁简、优劣，实现对最优化、通用化方法的选择，最终使他们获得灵活的思维品质，这样计算教学就能在“平面铺陈”中实现“深度开掘”。

3. “工具计算”和“人工计算”的关系

将计算器带进课堂使数学课出现了新的面貌，学生也尝到了用计算器计算的甜头，学生中曾一度出现了“曲不离口，计算器不离手”的情况。现在学生运算能力的下降是否与此有关尚无权威定论，但是人们对这一问题已经开始警惕起来。据说，韩国前一版的课程标准中，允许学生在小学五年级使用计算器，现在又把这部分内容删去了，而在高中教材中增加了计算器的学习内容。韩国东州大学校长朴成泽教授甚至认为：“在小学数学的学习中，没有必要使用计算器。”①《课程标准（2011 年版）》中指出：“在学生理解并能正确应用公式、法则进行计算的基础上，鼓励学生用计算器完成较为繁杂的计算。课堂教学、课外作业、实践活动中，应当根据课程内容的要求，允许学生使用计算器，还应当鼓励学生用计算器进行探索规律等活动。”很显然，学生使用计算器的前提是要“理解并能正确应用公式、法则进行计算”，对象是“较为繁杂的计算”“探索规律”等。《课程标准（2011 年版）》附录中两道使用计算器的例题（例 28、例 50）所提出的要求，是和这样的要求相一致的。因此，要想切实提高学生的运算能力，就要让学生有节制地、适度合理地使用计算器，鼓励学生“用你的脑子去算”，而不仅仅是“用你的手去算”。

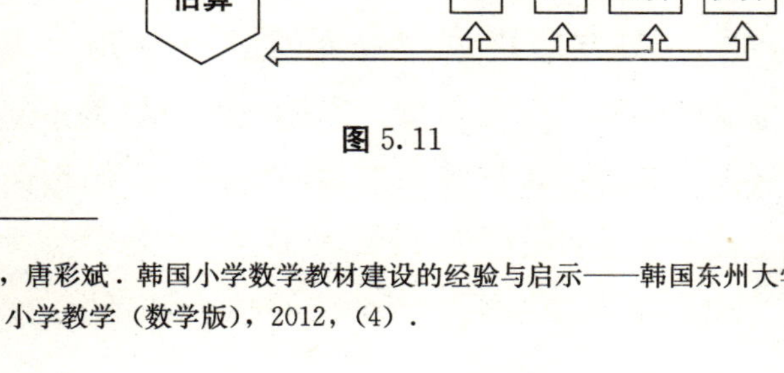

图 5.11

① 袁慧娟，唐彩斌．韩国小学数学教材建设的经验与启示——韩国东州大学校长朴成泽教授访谈录［J］．小学教学（数学版），2012，（4）．

从运算的实际来看，是用“工具计算”还是“人工计算”往往需要结合具体要求。美国数学教师学会1989年编写的《学校数学课程与评价标准》中有一个关于计算问题的图解（如图5.11）。该图解显示，对答案的精确度的要求不同，使用的运算方法也会不同，“工具计算”与“人工计算”是有机交融、相互补充的，而且“估算”在其中起着穿针引线的作用，至关重要。

总的说来，工具是“死”的，而人是“活”的，只有将工具强大的运算功能和人的聪明才智结合起来，运算能力才能从根本上得到提高。

4. “熟练”与“生巧”的关系

谈起运算能力，人们很容易想到“熟能生巧”这条颇具中国特色的古训。所谓“熟”，指对算法的熟练掌握和对计算技能的熟练运用，它依赖于在实际问题的解决与应用中去明白算理，在算理中理解算法。在算理、算法与计算技能的来回穿梭中，计算能力自然能由不熟练走向熟练。所谓“巧”，指技能好，灵巧，它来自于娴熟的技能、突发的灵感和积淀的智慧。毫无疑问，“熟”是“巧”的基础，但“熟练”了不一定能生“巧”，理解了也不一定能生“巧”。“巧”需要教师的方法指导，“巧”还需要学生自我的“反省抽象”。为了形成“反省抽象”，学生必须把自己的实践活动变成思考的对象，即反省的基础就是操作活动。缺少了操作，反省无法落实；操作次数不达到一定的数量，过程的各种状态和性质还是不易引起学生的注意，最终仍得不出规律。因此，计算教学中学生的练习是必不可少的，学生必须亲身体验，建构自己的理解，不断获得自己的领悟乃至“灵感”，渐渐地，这种“巧”就生出来了。[①] “巧”生出来了，学生运算能力的发展也就达到了一定的高度。

《课程标准（2011年版）》在“教学建议”中强调：“基本技能的形成，需要一定量的训练，但要适度，不能依赖机械的重复操作，要注重训练的实效性。教师应把握技能形成的阶段性，根据内容的要求和

---

① 吴正宪．为“算得巧”而教［J］．江苏教育（小学教学版），2010，（1）．

学生的实际，分层次地落实。”要提高训练的实效性，就要科学地安排训练内容和梯度，稍复杂或稍有难度的计算技能一般都可以分解成几个单一技能，教师应先对单一技能进行有针对性的训练，然后将其组合成复合技能，并安排综合练习，使学生对技能的掌握逐步达到正确而熟练的程度。要提高训练的实效性，教师就要注意调整学生的计算心态，传统的“夺红旗”“开火车”“计算大王”等竞赛评比活动都能调动学生的积极性，有助于以趣激练；也可以将计算训练整合进现代化的网络游戏中去，在线游戏、计时闯关、积分排名、好友互动等更能吸引学生主动参与。要提高训练的实效性，教师还要经常帮助学生剖析有关计算的一些典型错例，通过信息强化，培养学生良好的计算习惯；让学生对照《课程标准（2011 年版）》“评价建议”中对基本计算技能的评价要求进行自我评价，以评促练，增强自信。

回顾本章内容，我们可以形成这样的共识：小学数学教学要让学生把握“数与代数”的教育价值，认识到数、符号是刻画数量关系的重要语言，方程、不等式与函数是刻画数量关系的数学模型，数学是解决实际问题和进行交流的重要工具；要让学生通过对数量关系及其变化规律的探索，推导数学公式，列方程解决简单的实际问题，逐步增强学生发现问题、提出问题、分析问题、解决问题的意识和能力；要让学生认识到在“数与代数”的知识中、学习过程中存在着大量对立与统一的关系（如加与减、正与负、常量和变量、精确与近似、已知与未知等），使他们能够正确、合理、灵活、简捷地运算。以上所述的这些是小学数学教学基础中的基础，对学生未来的数学学习具有十分重要的影响。

附：“常见的数量关系”教学案例

“速度、路程、时间”教学设计与说明

【教学目标】

（1）让学生联系生活实际理解“速度”的含义，掌握路程、时间、速度三者之间的数量关系式，能利用其中的两个量计算第三

个量。

（2）让学生经历从具体问题出发逐步抽象出“乘法”模型并进行解释与应用的过程，感悟数学基本思想，增强整体建构的学习意识。

（3）让学生体验数学与生活的密切联系，感受数学的内在逻辑美，培养学生喜爱数学的情感。

【教学过程】

让学生在课前观看漫画“昨天・今天・明天”，并联系家里的情况，说说现在人们的生活有了哪些变化。

一、联系生活，引出速度

1.（出示教师驾车的照片）现在人们的生活真是越来越好了，老师也开上小轿车了。开车的人都知道，路上有很多交通标志。昨天老师在这条路上开车时，看到路旁有一个提示牌（出示公路图及路边表示限速“80”的路牌）。你知道这是什么交通标志牌吗？（限速）

2. 限速，限什么“速”呢？（限的是汽车行驶的“速度”）知道什么是汽车行驶的速度吗？（车子开得快或慢）开车的人从哪里可以知道自己开得快或慢呢？（出示两幅汽车上的速度仪表图）

3.（再次出示表示限速“80”的路牌）限速标志牌上的这个“80”是什么意思呢？

4. 知道一个数量的单位名称，我们往往就能搞清楚它所表示的含义。我发现，在汽车的速度仪表盘上倒是写了它的单位名称。（从两幅汽车速度仪表图上圈出“km/h”）谁能解释这个“km/h”是什么意思？

说明：“km”指千米，是英文单词“kilometer”的简写；“h”则是指小时，是英文单词“hour”的简写。“km/h”，读作千米每小时，是每小时行多少千米的意思。（应注意提醒学生速度的单位名称写法为：□/□）

5.（再次出示公路图及路边表示限速“80”的路牌）老师在这条路上3小时行驶了240千米，我超速了吗？

（板书算式：240÷3＝80千米/小时。用线段图向学生呈现个体

含义，即将240千米的线段平均分成3份，每份是80千米）

提问：老师一定没有超速吗？

分析指出：算出的80千米/小时只是一个平均速度，开车时，除非定速行驶，一般都会有快有慢。如果行驶时速度超过80千米/小时，老师就超速了。

［设计说明：《课程标准（2011年版）》中对“常见的数量关系”的教学要求是“在具体情境中，了解常见的数量关系”。教师开课先由生活中常见的限速标志牌入手，调集了学生的日常经验，然后利用速度仪表盘及仪表盘中速度的计量单位，使学生对速度的粗浅的、朴素的理解上升到数学高度，并让学生从特殊的单位名称写法中初步感知速度是和路程、时间有关系的］

二、多向比较，增强理解

1. 任何运动着的物体，都有速度。

（出示红红骑自行车的图）红红2小时骑了16千米。她的平均速度是多少？

（出示直升机图）直升机6分钟飞行48千米。它的平均速度是多少？

（出示宇宙飞船图）宇宙飞船在太空中5秒钟约飞行40千米。它的平均速度是多少？

提问：从刚才的运算中你们发现了什么，如何计算速度？（板书：路程÷时间＝速度）比较三者的平均速度，是不是说三者走得同样快？

点明：速度就是在单位时间里行走的路程。

2. 速度是物体在运动时产生的，看得见的运动，我们通过眼睛观察，一般就能感觉到快慢；看不见的东西，如果在运动，也同样有速度，只是我们不容易感觉到。你能举例吗？

（出示电闪雷鸣的图片）雷雨季节，经常能见到电闪雷鸣的现象。但是对于闪电和雷声，我们不是同时感觉到的。这是为什么呢？

解释：我们看到闪电的速度取决于光速，而听到雷声的速度取决于音速。光速是300000千米/秒，要比音速340米/秒快得多！

3.（出示运动会发令图片）运动会跑步时会使用发令枪，发令枪有什么作用？发令枪打响后为什么会冒出烟来？

解释：声音在空气中的传播速度大约是340米/秒。远处的计时员如果听到枪声后再按下计时表，所计时间和运动员开始跑的时间就不同步了。因此，运动员是听到枪声就跑，而计时员则是看到发令枪冒烟就按下计时表。

（教师组织学生观看学校运动会时拍摄的发令枪响学生起跑和计时员按下计时表的视频）

[设计说明：相对于路程、时间而言，学生对速度的理解要困难一些，但是在三者的数量关系中，速度又有着举足轻重的作用。本环节通过平均速度的计算，使学生进一步加深了对速度的认识，提炼出基本的数量关系。同时，通过对与速度有关的常见自然现象、生活现象的解释，学生体验到了数学与生活的密切联系，增强了他们的发现意识]

三、拓展题材，梳理关系

1.（第三次出示公路图及表示限速“80”的路牌）在这条路上，老师如果以80千米/小时的速度行驶4小时，我将行驶多少千米？

2. 老师如果以80千米/小时的速度行驶160千米，需要用多长时间？

3. 分析整理：路程、时间、速度这三个量之间具有怎样的关系？

（补充板书：速度×时间＝路程　路程÷速度＝时间）

四、回归生活，巩固应用

1. 从江苏省海安县去北京，路程全长约1200千米，路上大约需要多长时间？

（1）（出示红红骑自行车及速度为8千米/小时的图片）这样去，需要多长时间？（学生算出结果为150小时，即大约6天）

（2）（出示直升机及速度为8千米/分的图片）这样去，需要多长时间？（150分，即大约2个半小时）

(3)（出示神舟飞船及速度为8千米/秒的图片）这样去，需要多长时间？（150秒，即大约2分半钟）

小结：所需时间取决于路程以及所用工具的速度。

2. 小强从家去学校，每分钟走60米，8分钟到了学校。小刚从家去学校，需要10分钟，每分钟步行48米。

(1) 小强和小刚，谁的家离学校近一点？（一样近）

(2) 从小林家到学校是一条直线的路，这条路有1200米长。

①小林从家去学校，每分钟走60米。5分钟后大约走到哪儿？（走了总路程的$\frac{1}{4}$）

②他早上7：00出发，到学校时大约是什么时间？（7：20）

[设计说明：鲜活、多样、由浅入深的练习素材让学生在解决简单的实际问题的过程中进一步概括出了速度、时间、路程之间的三个关系式。对自行车、直升机、宇宙飞船速度的再次应用，不仅体现了素材选择的简约性，也增强了学习的趣味性]

五、类比抽象，建立模型

1. 我们在二年级时就学习了乘法和除法，联系起来想一想：为什么“速度×时间＝路程”要用乘法？而“路程÷时间＝速度”“路程÷速度＝时间”又是用除法呢？

（速度是每分、每秒、每小时行驶的路程，相当于每份有多少；时间相当于有几份；路程就是求“几个几是多少”）

2. 回顾二年级教材中“一乘二除”的图示（如图5.12），写出相应的算式。

图5.12

写出算式：□×□＝□　□÷□＝□　□÷□＝□

思考：每道题写出的算式中，哪个数相当于“速度”？哪个数相当于“时间”？哪个数相当于“路程”？

3.（出示墙壁图，如图5.13）这面墙有多长，可以怎样测算？

（将图中最下一排的砖圈出）如果将总长度看成是“路程”的话，那什么相当于“速度”？什么相当于“时间”？（每块砖的长度相当于“速度”，砖的块数相当于“时间”）

图 5.13

4. 概括提炼：路程、速度、时间之间的关系，就是乘除法之间的关系的一种具体表现。想一想，还有什么常见的数量之间也存在这种关系呢？（如单价、数量、总价等）

揭示：乘法是个“筐”，很多东西都能往里面装啊！

［设计说明：高度的抽象性是数学的根本所在。教师在让学生建立了行程问题的数量关系模型后，再引导学生深入地进行类比抽象，将众多的“一乘两除”问题归之于乘法。“乘法是个筐，很多东西都能往里面装”的形象比喻，对乘法模型进行了生动的诠释］

六、总结全课，交流体会

（略）

【设计总评】

“常见的数量关系”是《课程标准（2011 年版）》中新增的教学内容，要求为让学生“在具体情境中，了解常见的数量关系：总价＝单价×数量、路程＝速度×时间，并能解决简单的实际问题”。这一教学要求与十几年前的教材中对“常见的数量关系”的教学要求有所不同：一是要求不要离开具体的话题和情境空谈数量关系，素材要贴近生活，形象具体；二是要求解决的是简单的实际问题，而不是复杂的问题，重在“关系”把握，重在解决问题的思维过程；三是要求基于数量关系来构建模型，感悟模型思想。三点要求拾级而上，感悟模型是最顶层、最核心的，而模型的建立过程体现的正是《数学课程标准（实验稿）》中所倡导的“让学生亲身经历将实际问题抽象成数学模型并进行解释与应用的过程”这一教学理念。教师在教学时将数量关系的学习置于学生熟悉而又丰富的经验背景之中，使学习一头连着生活，一头指向数学，着重于对速度、时间、路程三者之间数量关系的揭示，着力于学生“乘法”模型的建立。在经验的碰撞和充分的对话交流中，实现了数学与儿童、生活与课堂的有机整合，体现出了本真的数学基点和真正的儿童立场。

第六章　“图形与几何”的教学实施

第一节　概　　述

“图形与几何”是小学数学教学内容的第二大板块，也是新课程改革以来得以被人们更重视的内容。《课程标准（2011 年版）》中指出，“图形与几何”的主要内容有：空间与平面基本图形的认识，图形的性质、分类和度量；图形的平移、旋转、轴对称、相似和投影；平面图形基本性质的证明；运用坐标描述图形的位置和运动。小学阶段主要学习图形的认识、图形的测量、图形的运动、图形与位置四个方面的内容。

“图形与几何”的课程内容是以发展学生的空间观念、几何直观、推理能力为核心而展开的，在《课程标准（2011 年版）》最后所附的 82 道例题中，有 21 道是有关“图形与几何”的（例 11～16，例 32～37，例 58～66）。这些例题，或侧重说明多种技能的综合（如例 13“测量并计算一张给定正方形纸的面积，利用结果估计课桌面的面积；测量步长，利用步长估计教室的面积”，要求学生把测量和面积计算有机结合，体会面积计算的实际背景和估计长方形面积的方法）；或侧重于数学思想方法的感悟（如例 34“测量一个土豆的体积”，让学生体会等量替换的思想方法）；或着力于培养学生用图示来描述空间位置和内部思维的能力（如例 36“描述从学校到家的路线示意图，并注明方向及途中的主要参照物”，要求学生在交流时能借助实物模拟路线，画出路线的简单示意图，并在图中标明方向及主要参照物）……研读这些例题，可以更加明确“图形与几何”内容教学的实施要点，并从中找到新的方向。

第一，多维图形交替出现。在《课程标准（2011 年版）》中，关于图形的认识，第一学段要求学生“能根据具体事物、照片或直观图辨认从不同角度观察到的简单物体”“能通过实物或模型辨认长方体、正方体、圆柱和球等几何体”“能辨认长方形、正方形、三角形、平行四边形、圆等简单图形”等；第二学段对图形的认识增加了“结合实例了解线段、射线和直线”的要求，增加了“认识梯形、扇形”等内容，对角的认识增加了“认识平角、周角”的内容，三角形、平行四边形、梯形、圆柱、圆锥等学习内容基本保持不变。整体来看，这部分内容安排体现了从生活到数学、从直观到抽象、从整体到局部的特点，且三维、二维、一维图形交替出现。与二维、三维图形相比，点、直线、平面这些基本图形的抽象程度更高，所以把它们安排在第二学段。

第二，多层要求循序渐进。《课程标准（2011 年版）》中对图形的认识要求有明显的层次性：最低级是“辨认”，中级是“认识”“初步认识”，最高级是“探索并证明”。例如，对于长方体，第一学段要求“能通过实物和模型辨认长方体”，第二学段要求“通过观察、操作，认识长方体”“认识长方体的展开图”；对于平行四边形，第一学段要求“辨认”，第二学段要求“认识”，第三学段要求“探索并证明平行四边形的性质定理、判定定理”。有了这些层次的要求，我们的教学就要很好地把握度，不能随便拔高或降低。

第三，多种途径齐用并举。《课程标准（2011 年版）》中较多地使用了“通过实物和模型，辨认……”“结合实例（生活情境），了解……”“通过观察、操作，认识……”“在实践活动中，经历……”等表述，这就明确了“图形与几何”部分内容学习的过程和方式。严格来讲，无论一维、二维，还是三维的图形，都是人们从具体事物中抽象出来的：点是位置的抽象，线是路径的抽象，形是面的抽象，体是物的抽象。对小学生而言，这种抽象难以一次性地完成，更不可能脱离具体的实例、情境、事物、模型而直接抽象得到。因此，小学生在每个学段都需要具体的、直观的事物、实例、情境等来作为思维的“拐杖”，从而顺利实现从形象到表象，再到抽象的过渡。

此外，重视估测、估算、估计在图形测量中的价值与应用，使学生理解与把握度量单位的重要性、实际意义，增强学生对测量结果的感悟能力，让学生在图形认识的基础上感悟分类、抽象等数学思想方法，适当降低观察物体的难度等都是新课标的改革方向。

第二节　实施要点

一、重视实物或模型的作用，加深学生对图形的认识

十年前的《课程标准（实验稿）》就已经将传统的“线→面→体”的逻辑顺序调整为“体→面→线”，这样的“倒序”，体现了“线”在“面”上、“面”在“体”中的数学原理，也更符合儿童的认识基础和规律——我们在生活中都是看到一个个的“体”，并没有独立存在的“面”和“线”。因此，在“图形与几何”内容的教学中，要特别重视让学生对具体实物或模型进行观察与操作，这在《课程标准（2011年版）》第一学段的教学目标中就有体现：“经历从实际物体中抽象出简单几何体和平面图形的过程”。对任何立体的、平面的图形形成正确的认识，往往都要经历多个阶段，其中形成表象的阶段（即表象阶段）非常重要。而要建立清晰的表象，鲜明的、丰富的感性材料是最有效的，具体实物或模型就是最好的材料。教学中，教师要特别注意通过对具体实物、几何模型、几何图形等材料的观察，通过搭一搭、折一折、剪一剪、拼一拼、量一量、做一做、画一画等具体的操作活动，使学生的听觉、触觉、视觉等多种感官协同作用，形成对研究对象的本质属性及性质之间关系的充分感知，为完成对具体对象的特征及其各种关系的提取、抽象奠定基础。由于信息技术在教学中的运用，现在的数学课有“用图形代替实物，以演示代替操作”等过于

依赖课件的倾向，要努力避免。同时，学生动手制作“形”或“体”等几何模型的活动也常常会被压缩掉（常常是教师做好了模型直接带到课堂），对此，我们要十分警惕。事实上，学生接触到的实物素材越丰富，制作模型的过程越充分，学生从实物中“提取”图形形象的通道就越顺畅，其对图形的认识也就越清晰。

从教材编排的角度看，确实有很多内容（比如从不同方位观察实物）只能创造一个虚拟的情境（包括实景拍摄的照片），但这是受教材编写的各种限制不得已而为之（这也在一定程度上说明教材只是“例子”而已），教学时我们应该竭力避免只动嘴不动手的“看图说话”，要努力创设一个真实的，让学生置身其中的活动场景。

“实物→图像→表象→抽象”是学生对数学概念形成正确认识的一般过程。在这一过程中，比较、分类等方法的运用有利于凸显图形的本质特征。

刘延革老师在教学“周长”时，就多次运用比较的方法，强化学生对“边线”与“一周”的理解，深化学生对“周长”的认识，让学生从整体上感悟和理解“直接测量”“化曲为直”“以直代曲”等测量周长的方法。以下是具体的教学片段：①

【教学片段1】

师：小明是我们班的同学，他身体不太好，爸爸给他制订了一个锻炼计划，让他每天围着这个操场跑一圈。（出示400米标准操场图）我们来看看小明是怎么跑的。（课件演示：小明从操场一边的跑道开始跑，跑着跑着就跑到操场里面走近路了）

生：啊！

师：小明跑的方式跟你想的一样吗？

生：不一样。

师：谁说说，怎么不一样了？

---

① 刘延革．在多种操作活动中体验、感悟几何概念的本质——“认识周长”教学实录［J］．小学教学（数学版），2012，（4）．

生：他应该沿着操场的那个圈跑，不应该跑到操场里面去。

师：好，请你在屏幕上给大家指一指，他应该沿着操场的哪儿跑。（学生指着操场的边线）你的意思是沿着操场边上的线跑，对吗？

生：对！

师：看来小明没有理解他爸爸的意思。看看他第二天跑得对不对。

（课件演示：小明沿着操场边线跑，但只跑了大半圈）

生：不对！

师：怎么又不对了？

生：小明没跑完。

师：你觉得他应该跑到哪儿？

生：他应该跑回起跑的地方。

师：小明这次虽然是沿着边线跑了，但是从这个起跑点开始跑，最后还应该回到这一点上，是吗？

生：是。

【教学片段2】

师（出示三角形）：谁来指一指，这个三角形的一周是从哪儿到哪儿？

（一名学生到黑板前指出三角形的一周）

师：注意看，他从一个点开始，一直沿着边线在指，然后又回到了这一个点，他指得对吗？（学生回答："对！"）谁再来指一指这个三角形的一周在哪儿？

……

师（出示圆形）：这是什么图形？你能找出它的一周是从哪儿到哪儿吗？

（一名学生到黑板前指出圆形的一周）

师：你是从哪儿开始指的？（将起点做一个记号）她从这一点开始，一直沿着边线指，最后回到哪儿啦？

生：起点。

师：同学们，圆形的一周只能从这一点开始吗？还可以从哪儿开始？你打算从哪儿开始？谁再给同学们指一指？

……

师：同学们，你们说这个三角形的一周和这个圆形的一周，谁更长一些呢？

生：三角形。

生：圆形。

师：同学们的意见各占一半，到底谁的答案对呢？同学们看，我将这个三角形的边线从这一点弄断，把它取下来拉直，你们发现它是一条什么？

生：线段。

师：这条线段的长度是不是这个三角形一周的长度？

生：是。

师：我们也把圆形的边线从一点弄断，把它取下来拉直，它也应该是一条——

生：线段。

……

师（出示树叶图、新月图、凹多边形图）：指一指这些图形的一周是从哪儿到哪儿，并估一估这些图形一周的长度大约有多长。

比较也常用于对知识的整理和对整体的认识与建构。比如说，认识线段、直线、射线，通过比较，就能对这三者的特点掌握到位；认识长方形、正方形、梯形、平行四边形，可以通过“改变形状”来了解它们相互间的转化，从而更好地看到它们之间的异同；计算平行四边形、三角形、梯形的面积，其实都可以统一到梯形面积的计算方法：三角形是上底长度为 0 的梯形，平行四边形是上下底相等的梯形。这样的教学，可以让学生在“不同”中看到“联系”，在“解构”中“建构”，增强思维的灵活性，加深对图形的认识。

二、注重过程体验，发展学生的空间观念

在小学阶段，“图形的认识”“图形的测量”“图形的运动”“图形

与位置”等每一个方面都涉及图形的变化，比如，改变直角两条边叉开的大小，就得到锐角、周角等；变换观察的角度，5 个正方体方块的组合就会呈现出不同的形状图；图形的长度按照一定的比例放大或缩小，面积就会按照平方的比放大或缩小；测量同一长度，用不同的计量单位就会得到不同的数量表达；至于平移、旋转、轴对称等，更加涉及图形的运动和变化……可以说，丰富多彩的“图形与几何”世界，就是一个运动和变化的世界。教学中，将这种“动感”呈现出来，让学生在运动和变化中增强对图形的体验，可以促使他们更好地理解图形。

不仅如此，运动和变化的过程也包含解决图形问题的思维方法和策略。比如，《课程标准（2011 年版）》附录例 33“图中（如图 6.1）每个小方格为 1 个面积单位，试估计曲线所围成图形的面积。”①

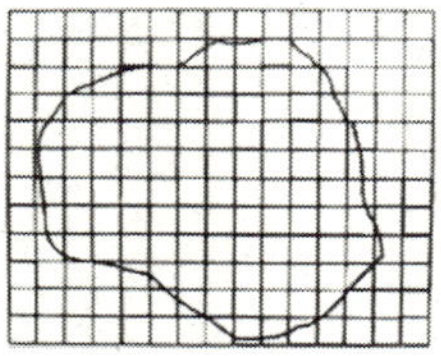

图 6.1

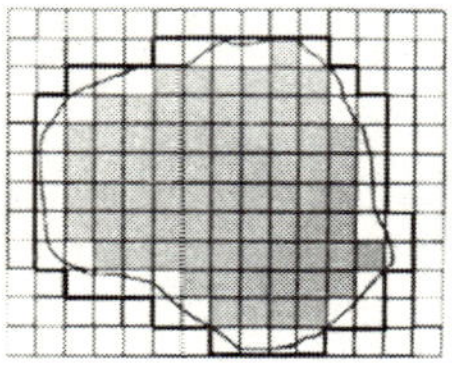

图 6.2

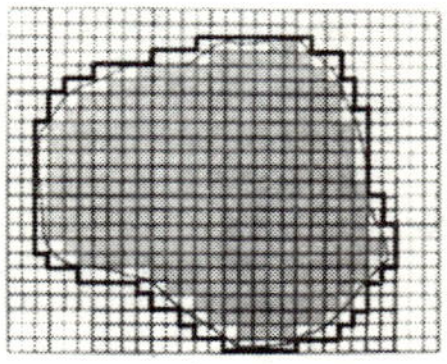

图 6.3

解决这样的问题通常的做法是数方格：先数一数有多少个整格，再数一数有多少个半格，然后把不满整格的格子进行整合，最后累加起来，以此估计出不规则图形的面积。而此例题说明中要求“帮助学生养成事先做好规划的习惯”“运用不同的方法估计图形的面积”。教学中，教师可以启发学生边观察边思考：“你认为曲线所围成的图形的面积结果可能会出现在哪个范围内呢？你能用已有的经验来解决这个问题吗？”在学生初步尝试的基础上，教师可引导学生首先选好估计的单位，即 1 格代表 1 个面积单位；再找出曲线所围成图形的面积的下界、上界，用彩色笔将曲线范围内的所有完整小方格涂上

① 本案例的解读参考了吴正宪．感悟数学思想，积累数学活动经验——从《数学课程标准》的三个案例说起［J］．小学教学（数学版），2012，（1）．

颜色（如图 6.2），得到不规则图形面积的下界数（75 个这样的面积单位）；然后再数出曲线所围成图形的边缘接触到的所有小方格的数量，也用彩色笔描出来，估计出这个不规则图形面积的上界数（113 个这样的面积单位），从而得出初步结论：不规则图形的面积在 75 个面积单位和 113 个面积单位之间。在此基础上，教师可以鼓励、引导学生用自己的方法进一步估计，通过记录、计算、比较的探究过程逐步得出更精确的结果。当然，教师还可以继续追问："还有什么方法能使估算的结果更接近实际？试一试！"这将对学有余力的学生提出更大的挑战。之后，教师可引导学生将所有的方格等分成更小的方格（如图 6.3），继续用上面的寻找范围、逐步逼近的经验探索出更接近实际面积的估算值，从而渗透极限思想。

很显然，这样的教学方式跳出了对图形面积"估算"的一般技能的教学，而侧重于让学生在运动和变化中、在动手和思考中获得解决问题的丰富体验，发展学生的空间观念。

为了促进学生对空间的理解与把握，并为第三学段学习"图形的投影"做好铺垫，小学阶段安排了"观察物体"这一学习内容。《课程标准（2011 年版）》第一学段要求学生"能根据具体事物、照片或直观图辨认从不同角度观察到的简单物体"，第二学段要求学生"能辨认从不同方向（前面、侧面、上面）看到的物体的形状图"。从现有教材的编排来看，"观察物体"这一教学内容大多安排在一至四年级的数学教材中，且无一例外都以"小单元"的形式出现，要求的教学时间最多为一两个课时。或许是因为"小"，加之教材中编排的内容直观具体、形象生动、贴近生活，所以我们见到的关于"观察物体"的日常教学大多风平浪静。老师们对此也觉得毫无悬念可言。不过，如果我们细致分析，就会发现有一些问题还是值得深思的。比如，教材中同样是要求观察一个物体，为什么观察的图形有的是以三维立体图形呈现，有的又是以二维的平面图形呈现？

再比如，观察一个长方体，我们站在不同的位置可以看到不同的面，在研究"同时最多只能看到三个面"的经典结论时，却有学生提出可以看到四个面（当观察的长方体特别小时）。对此，又该怎样解释呢？

实际上，“从不同的角度观察到的物体”与“从不同的方向看到的形状图”还不是真正意义上的视图。视图和投影是相互关联的两个概念，可以这样来理解二者的关系：用一组假想光线将物体的形状投射到一个面上去，称为“投影”（动词）；在这个面上得到的图形，也称“投影”（名词）；投射线从一点出发的称为“中心投影”（如图 6.4）；投射线相互平行的称为“平行投影”；在平行投影中，投射线与投影面倾斜的称为“斜投影”（如图 6.5），投射线与投影面垂直的称为“正投影”（如图 6.6）；用正投影法将所见物体的轮廓绘制出来而成的图形称为“视图”；从物体的前、后、左、右、上、下方观察得到的正投影图分别叫作主视图、后视图、左视图、右视图、俯视图、仰视图。

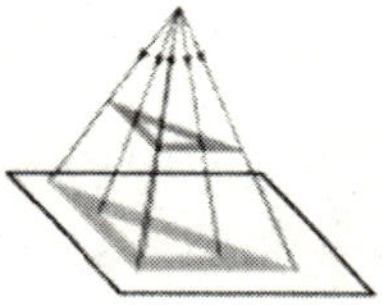

图 6.4

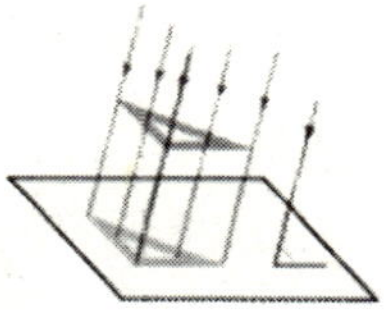

图 6.5

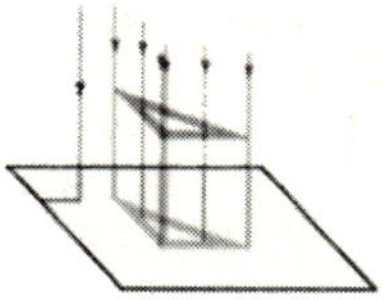

图 6.6

“投影与视图”的知识在小学阶段只要求进行一些粗浅的渗透，所以教材中没有提出“投影”与“视图”的名称，教学参考用书中虽有提及，但也没有更多地进行说明。不过，教材中的很多示例其实就是“投影与视图”的直接运用。比如，图 6.7 就是用正投影法形成的视图。如果不是采用正投影法，无论观察者站在哪一个角度、哪一个点上看，都绝不可能将物体的正面观察成纯粹的平面图（二维图）。

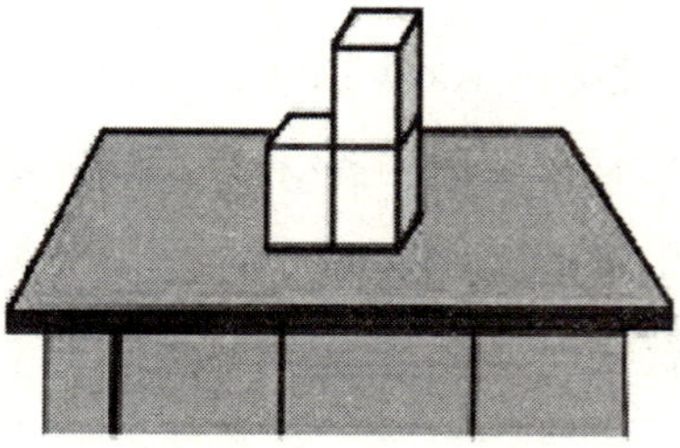

图 6.7

而图 6.8、图 6.9，则是用中心投影法形成的视图。

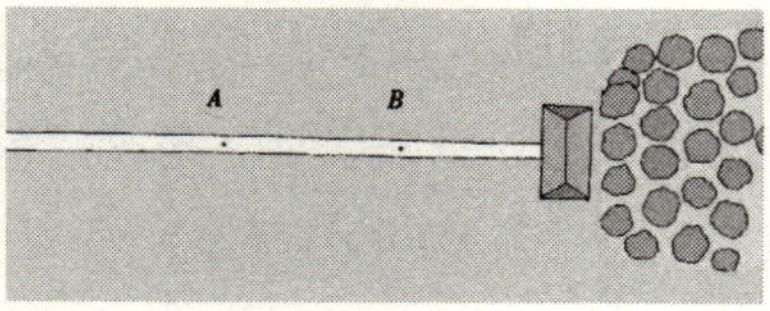

图 6.8

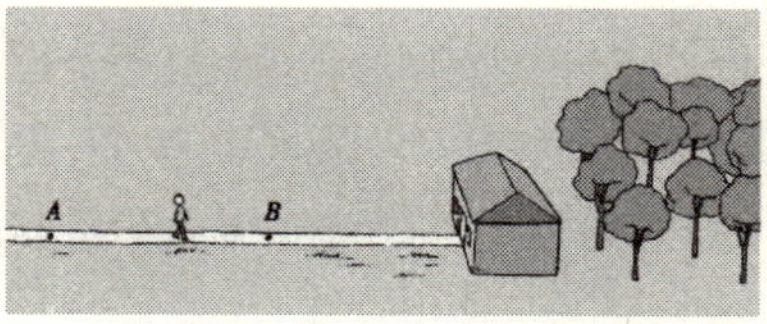

图 6.9

值得注意的是，在小学教材“观察物体”内容中除了渗透和运用了“投影与视图”的知识原理外，还比较多地运用了绘画中的透视原理。比如“平行透视”（也叫作“焦点透视”“一点透视”），绘图时物体的轮廓线向视平线上某一点消失，它具有近大远小、近高远低、近粗远细、近宽远窄等特点。再比如“成角透视”（也叫“两点透视”），绘图时物体的轮廓线向视平线上某两点消失。

图 6.10

图 6.11

像图 6.10 和图 6.11 中贝贝狗“站在地面看”“抬起前腿看”所得到的观察图，都是近大远小的焦点透视图。如果采用正投影法，桌子的后两条腿要么就看不到，要么就不会都在桌肚里面。其实，翻开各大版本的新课标教材都可以发现，学生在小学一二年级学到的观察物体的内容，大多是用照相机拍摄的图片（或参照了照相机拍摄图片的模型），照相机成像的基本原理就是透视，利用透视原理所形成的图形与使用平行光线正投影所形成的视图有明显的不同。

从这个角度出发，我们再来思考学生在观察长方体时看到四个面的现象。有一个细节我们可能没有关注到，学生在观察物体时都是用双眼观察的，当摆放在眼前的长方体的宽度比两眼宽度窄时，两眼的余光很容易扩大观察的范围，左眼看到物体的左侧面、右眼看到物体的右侧面是很正常的（我们只要随手拿一本书放在眼前，书脊对着自己，就可以看到这种现象）。我们说“最多只能看到三个面”实际上有一个前提条件，那就是要“从一点观察”。在苏教版《义务教育课程标准实验教科书教师教学用书（三年级上册）》中对第八单元“观察物体”的教学目标做了这样的要求：“知道从一个角度观察长方体形状的物体，最多只能看到三个面”；在教材简析和教学建议中也提到：“教材先通过对生活中常见的一些长方体形状物体的观察，引导学生认识物体的正面、侧面和上面，并初步体会不管从哪个角度观察，最多只能同时看到长方体的三个面”。这里多次强调了“最多只能看到三个面”的前提条件是要“从一个角度观察”。在小学阶段，由于只要求学生认识正面、侧面、上面等大方位，不要求细致到很具体的观察角度，《课程标准（2011 年版）》中的示例、教材中的大多数图例，观察者都是站在物体的上、下、左、右、前、后等位置上进行观察的，方位角度区别都很大，细小的角度差异所形成的观察结果差异都忽略不计了。我们都有这样的经验，如果交换着闭合左右眼看眼前的某一个事物（比如一根电线杆），它好像就在动来动去。因此，当出现这种情况时，我们只要让学生闭起一只眼，只从一个角度观察就行了。当然，这样的理解还是立足于观察物体的角度，依托于学生的生活经验。如果用“视图”和“正投影”的理论来解释，就更加贴切、自然了，因为在平行光线的照射下，最多只有三个面会被照射到。

由此我们也可以看出，任何看似很不起眼的数学知识的背后，都蕴含着一个丰富的知识体系。教学时要有立体视野，这就要求我们教师除了具有系统的知识、宏观的教学视野外，还应有立体化的教学思维。

三、形象与抽象相结合，培养学生的几何直观能力

前面已经提到，《课程标准（2011 年版）》将原有的“空间观念”的要求分解成现有的“空间观念”和“几何直观”，也就是将原有“空间观念”中与图形有关系的“能运用图形形象地描述问题，利用

直观来进行思考”的要求单独列出归为“几何直观”。直观，通常没有经过严格的逻辑推理，却往往能把握对象的全貌和本质。借助几何图形的直观，人们常常能发现图形之间的关系，甚至会产生对相关数量之间关系的猜想。虽然“几何直观”是从“空间观念”中分离出来的，但是几何直观并不只是和“图形与几何”这一内容有关系，而是涉及所有领域的数学学习，在研究数学问题的过程中，几何直观有时能使问题变得更简明。因而，在整个数学教学过程中，教师既要重视引导学生借助图形直观理解相关的数学知识，又要注意引导学生经历用图形直观地描述、分析和解决问题的过程，使他们逐步形成借助图形直观展开数学思考的意识。

1. 借助图形表征数学对象

借助图形来表征数学对象是数学学科的重要特征，因为小学数学中有相当一部分数学知识是伴着几何意义而存在的。教学时，教师要注意从学生的年龄特点和已有的知识经验出发，有计划、分步骤地引导学生利用图形直观表征数学概念、性质、法则，以及量的关系，帮助学生获得清晰的表象。需要注意的是，低年级学生一般还不具备利用图形直观描述数学概念的能力，但这并不意味着教学时不能采用图形直观，恰恰相反，在很多时候我们都要帮助学生从实物直观向图形直观过渡。比如，在一年级“认识整十数”时，教材中编排了让学生填写数轴上的数（如图 6.12）这一内容，重在比较“一个、一个地数”和“十个、十个地数”。但是，如果仅此而已，数轴的价值就没有被充分地挖掘，因为如果去掉数轴而改成在方框中填数（如图 6.13），学生看起来会更加明白，理解上也不会有困难。鉴于此，有的教师在做完此题后，将第二根数轴移至课件画面的下方，让学生完成“和 40 相邻的整十数”“70 前面的整十数有哪些”等后续练习。做题时，学生既可以借助数轴上的数来思考，也可以在得出答案后将数轴上对应的数圈出来。这一过程，会让学生在直观提示中加深对数轴的理解，也会增强其对整十数的数序、数列、数值的直觉感受。

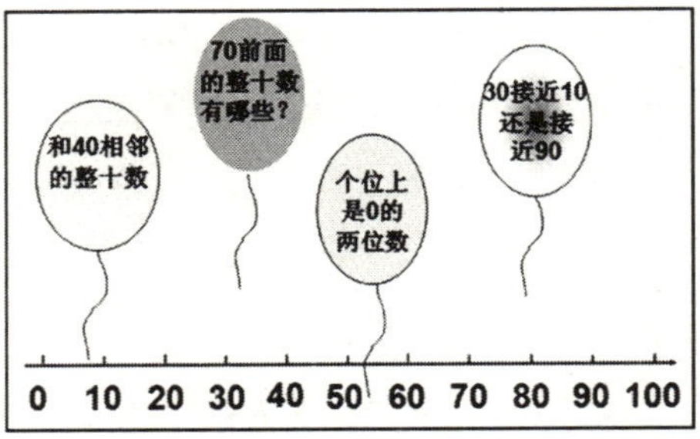

图 6.12

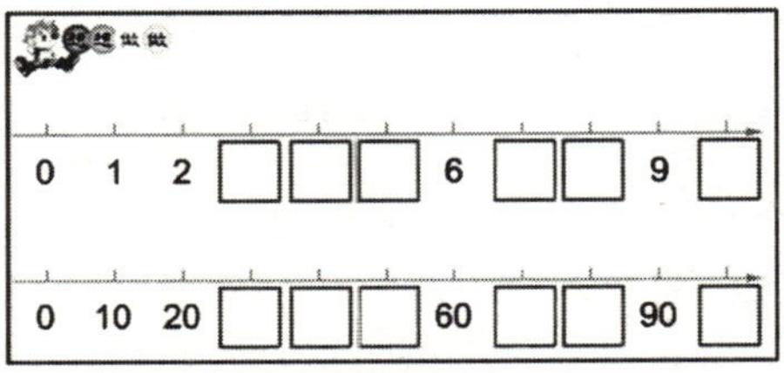

图 6.13

再比如，小学中高年级要认识分数、小数，认识真分数、假分数、带分数，为了让学生直观地了解这些数的内涵所在，教材都是以最常见的几何图形（如线段、正方形、圆等）为依托（如图 6.14），帮助学生建立表象，形成正确的概念。

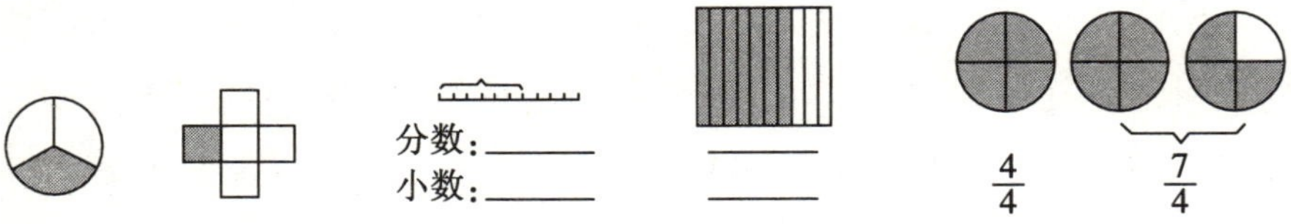

认识分数　　认识小数　　真分数、假分数

图 6.14

正反比例的图像也具有这样的功能。另外，在几何领域内，一些概念的建立就更需要直观图形来支撑了，如几何形体的概念，面积和体积的概念，长度单位、面积单位、体积单位的概念等。

此外，在小学数学中，运算规则学习，尤其是在解释算理、推导算法时，往往要借助直观来做“脚手架”。这个“脚手架”，有时是计数器、小棒、圆片等可操作的材料，有时则是图片（图形）等情境性材料。而这些图片，尤其是几何图形，一般都能将算理、算法以最直观的方式呈现出来，为学生所理解和掌握。比如在教学“同分母分数加减法”和“异分母分数加减法”时，运用图 6.15 这一简单的图示，就能将计算的原理一览无余地展现出来。如果不是有“圆”这一可以如此直观地表示通分过程及结果的几何图形，要让学生理解“通分就是为了统一分数单位，统一分数单位才可以直接相加减”这个道理，那真不是件容易的事。

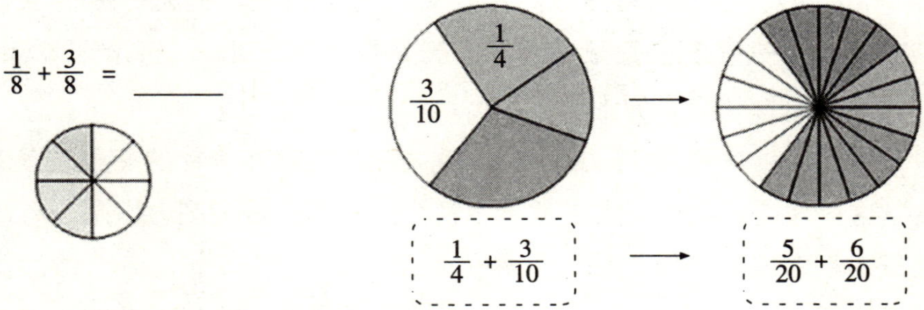

图 6.15

2. 借助图形描述和分析问题

一般说来，纯文字形式的问题相对比较抽象，如果能把抽象的问题以直观图示的形式表达出来，学生就能更加简便、快捷、轻松地发现隐含其中的各种联系，找到解决问题的方法。此时，教给学生用直观图示描述问题的方法，是发展学生直观感悟能力的重要途径。一般说来，借助图形直观来研究问题，通常先把研究的对象抽象成图形，再把对象之间的关系转化为图形之间的关系，从而把所研究的问题转化为关于图形的数量或位置关系的问题，然后借助图形直观思考、分析并解决问题。学生的认知水平和理解能力是有差异的，因而教师一方面要注意诱发学生画图描述问题的主观愿望，增强其主动性，另一方面也要适当引导学生进行交流、对比、反思，促使其不断向更高的层次迈进。

对小学三年级学生进行数学能力测查的一份测试卷上有这样一道题：“修一条水渠，修了 8 天以后超过中点 120 米。剩下的按原来的速度继续修，6 天可以完成，这条水渠长多少米?”对小学三年级的学生来说，“中点”的意思是能意会的，但要将它和题目中描述的数量关系挂上钩并不容易。不过，从测试情况来看，全班有近三分之一的学生正确解答了这道题。通过对他们解答过程的了解，我们发现不少学生就是依靠画图来分析数量关系的（如图 6.16）。学生画的图虽然不美观，也不精确，但是，他们从自己所画的图中悟出了数量关系（1 天就修了 120 米)，悟出了算法，这就是几何直观能力的生动体现。

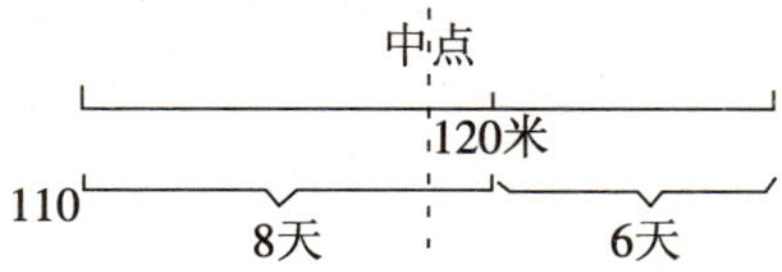

图 6.16

再比如，在研究“三点半时，钟面上的时针和分针的夹角是多少度”这一问题时，可能大多数学生都会想到画个钟面图，但是，有些人只是草率地画个钟面图，有些人可能会把数字写全，把指针的位置尽量画准，有些人在画钟面上的数字、指针时，脑子里可能还会记起钟面上一大格是 30 度、半大格是 15 度等数值。对学生在解决同一个问题的过程中所画的不同水平、不同样式的图形进行分析、点评等，可以不断地提高学生借助图形描述和分析问题的“心智”水平。

这也就引出了一个很重要的话题，那就是想要“借助图形描述和分析问题”，首先要有最基础的画图功夫。因此，在教学几何内容时，除了要让学生理解几何的概念、掌握几何的计算、初步感悟几何的逻辑等之外，对学生几何作图技能的指导和训练，也应当成为我们教师的关注点。对于长方形、正方形、圆、长方体、圆柱体、圆锥体等各类应用频率高的平面图形和立体图形，都要求学生能徒手地、快速地画出它们的几何图。教学时，教师要做好示范，学生要人人过关。并且在画的时候，要求尽量画得准确。图 6.17 中的两个长方体相差无几，可是右边的那个长方体怎么看都感觉有点别扭，不太像。原因很简单，就是因为右边的那个长方体右后方的一条高画长了（不符合近大远小

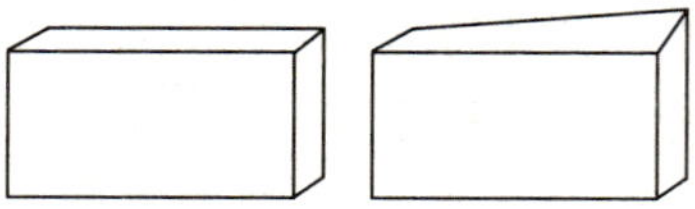
图 6.17

的透视原理）。遇到这种情况时，教师只要提醒学生注意将这条高画得和其他的高一样长（或者短一点点），那这个长方体就“像模像样”了。

在一些复杂的与立体图形有关的数学问题中，如果学生能够掌握拼组、分割的画法，就既能直观地解决问题，又能通过这样的过程发展空间观念，提升思维品质。如要解决这个问题：“将三个长 20 厘米、宽 15 厘米、高 12 厘米的长方体拼在一起变成一个大长方体，这个大长方体的表面积最大是多少平方厘米？最小是多少平方厘米？”我们很容易想到“要想表面积最大，拼在一起的面就要最小”“要想表面积最小，就要将最大的面拼合”，而要正确解题，我们就要画出运用不同拼合方法的图形，这个过程，明显需要学生有较强的画图能力和空间想象力。学生这些能力的形成，需要教师在平时教学中有意识地指导和训练。

关于指导学生画图，波利亚在《怎样解题——数学教学法的新面貌》中的一些陈述可谓经典，读来让人受益匪浅，现摘录如下：

◎ 我们应该画确切的图还是近似的图形，用工具画还是徒手画？这两种图都有其长处。精确的图形在几何中的作用原则上就如同物理中的精确测量。但在实际中，精确的图形不如精确的测量那么重要，因为与物理定律相比，几何定理得到了更广泛的证明。然而，初学者还是应该尽可能精确地画许多图以获得一个良好的试验基础，精确的图形还可以深化定理。然而，如果为了推理的目的，徒手仔细画出的图形通常已经足够好了，而且画起来速度也快得多。当然，图形不能看起来很荒谬，应该直的线不能弯，称作圆的东西看上去不能像个土豆。

◎ 一个不太精确的图形偶尔会导致错误的结论，但这种危险并不大，而且我们可以通过多种方法来避免这种危险，特别是通过改变图。如果我们集中注意力于那些逻辑联系，并意识到图形仅是一种辅助的工具，而绝不是做出结论的基础，那么就完全不会有危险。逻辑的联系构成了真正的基础。

◎ 重要的元素必须按照要求的关系组合起来，而按照什么次序来画并不重要。因此，可以选择一种最方便的次序。

◎ 你不能在图形中给出任何不恰当的特殊化，图形的各部分之间不能呈现题目未作要求的明显联系。

◎ 为了强调不同线段的不同作用，你可以采用粗线条和细线条，实线和虚线，或者不同颜色的线段，在你还没有完全决定是否把一条线用作辅助线以前，你可以先把它画得很淡，已知的各元素可用红笔来画，重要部分可用其他颜色强调表示，如一对相似三角形等。①

当然，就小学阶段的学生而言，画图属于一项基本的、初步的技能，原则上不提过高的要求（新课标里第一学段提出让学生“掌握初步的画图技能”，第二学段提出让学生“掌握画图的基本方法”），除了极少数的作图题要求精确绘制外（如画一条3厘米长的线段，或者画一个半径是2厘米的圆等），大多数题目画示意图就可以了。这些示意图是用于辅助自己来理解意思、把握数量关系，帮助解决问题的，并不要求十分精准、美观。相比而言，良好的画图意识和初步的画图技能远比画得精准要重要得多。

3. 在直观中孕育理性

化抽象为直观，将数和数量关系转化为“形”，这在数学教学中历来都备受重视。而由直观到抽象，主要是体现在概念、运算方法、规律与规则的概括和形成过程中，比如，从剪刀、扇子、钟面指针的位置抽象出“角”，从红领巾、屋架、斜拉桥中抽象出“三角形”，这些也在图形与几何知识的学习过程中普遍存在。而在直观中孕育理性，是比从直观到抽象层次更高的要求，以前我们提得很少。教育哲学理论家认为，“理性”是人类精神生活的一种形式，是一种人类特有的思想活动，不仅包括了概念、判断和推理，而且包括了质疑、反驳和辩护；“理性”最主要的特征就是在一定的规则下就某一问题应

① ［美］G·波利亚．怎样解题——数学教学法的新面貌［M］．涂泓，冯承天译．上海：上海科技教育出版社．2002.

用概念进行推理或认识的能力；更进一步看，“教学”在其基本意义上说，就是人与人之间通过知识的传授和理解而进行的一种思想交流和互动，其最终目的就在于促进学习者理性的增长。洛克等“形式教育”论者就特别强调：“数学教学的目的不在于使人们成为数学家，而在于通过数学教学来提高人们严密推理的能力。”①

当“几何直观”成为义务教育阶段数学课程的核心概念后，学生能利用图形来描述问题和分析问题就成为一项重要的学习能力，这种能力不仅是学生数学素养的重要组成部分，也是其在初中阶段进行几何证明和推理的基础。从教学的角度来看，教师要引导学生适当地、恰到好处地做好形象与抽象、直观与理性的有机融合。尽管小学生的理性思维和理性能力都是初步的，处于“萌芽期”，且小学阶段不要求学习证明和推理，但是，学生心中不能没有一点证明和推理的“种子”，这就需要我们突破常规教学思维，甚至于要突破教材的限制而做出一点点努力。

比如，在教学“三角形的内角和”时，通常是教师要求学生先测量一个三角形三个内角的度数并求和，得出和是 180°或接近 180°。之所以不能得到精确结果 180°，是因为测量有误差。之后，教师让学生通过剪、撕、折等操作活动将三个内角移到一起组成一个平角，由此得出三角形的内角和是 180°。这种教学思路，符合教材编排的思路，教学过程中运用了新课标中倡导的动手实践、合作探究等学习方式，贴近小学生的学习实际。这么多年来，教材一直是这么编的，大家也都是这么教的。不过，上述探究过程的局限在于缺乏理性深度，会让人产生疑问：一开始用量角器测量角度会有误差，难道后续的剪、撕、折等活动过程中就没有误差吗？如果有，那何以能确定三角形的三个内角拼起来的角就一定是平角，丝毫不差？如果不能确定拼出的是平角，那又凭什么让我们都认同“三角形的内角和是 180°”这一结论呢？其实，我们都知道，任何操作都无法消除误差，

① 石中英．教育哲学导论［M］．北京：北京师范大学出版社，2002.

在初中，“三角形的内角和是180°”是通过相关几何定理证明出来的。因为小学阶段并不需要学习证明，长期以来，教材和教学中遵循的都是实验几何、经验几何和直观几何的规则，即让学生通过拼一拼、折一折、量一量等操作活动，直接得出结论。小学阶段注重活动，强调活动过程中的体验，关注活动经验的积累，而不需要太多的逻辑推断。

当“几何直观”从高中一下子降落到小学数学课程中后，小学阶段“图形与几何”的教学也要根据实际情况相应做些调整，我觉得，尤其需要建立起“化抽象为直观”“在直观中孕育理性”等新的思维模式。苏霍姆林斯基认为，运用直观的手段绝不是为了整节课抓住学生的注意不放，倒是为了在教学的某一个阶段上使儿童摆脱形象，在思维上过渡到概括性的真理和规律上去。① 我们可以据此来调整“三角形的内角和”的教学。当所有学生都按照现有教材中的思路通过一系列操作成功得出“三角形的内角和是180°”后，教师提出质疑：测量会有误差，难道剪、撕、折等活动过程中就没有误差吗？既然任何操作都难以消除误差，那我们又凭什么来确定这个结论正确呢？在学生思维再次卡壳后，教师可以介绍一下数学家帕斯卡研究“三角形的内角和”的故事。如图6.18所示，数学家帕斯卡将△ABC的一条边AB看成一支铅笔（如图6.18a），铅笔绕着∠A向下旋转后，就得到图6.18b；铅笔再绕着∠C向右旋转，就得到图6.18c；最后铅笔再绕着∠B向左旋转，得到图6.18d。

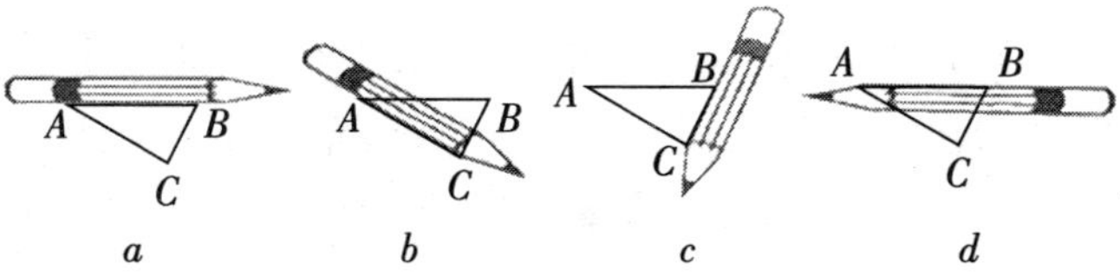

图6.18

① ［苏］B. A. 苏霍姆林斯基. 给教师的建议［M］. 杜殿坤译. 北京：教育科学出版社，2011.

将图 6.18d 和图 6.18a 进行比较，可以发现，铅笔笔尖、笔尾位置正好颠倒。实际上也就是说，在这个变化过程中，AB 这条边正好旋转了 180°。由此可以看出，三角形三个内角度数的和是 180°。由于在每次旋转中都是三角形的边和边在重合，而数学上的线段是只有长短之分没有粗细、厚薄之分的，因而，这个过程没有误差。

利用下面的题目，也可以达到同样的证明效果。有四个小朋友，一个住在 2 层楼，一个住在 20 层楼，一个住在 200 层楼，还有一个坐在飞机上。大楼下面有三条直直的马路，这三条马路的交叉地是一块三角形绿地。

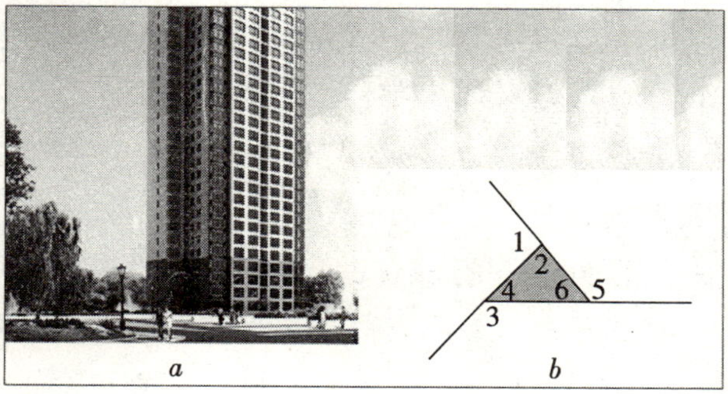

图 6.19

如图 6.19 所示，当住在 2 楼的小朋友站到阳台上看这块地时，就看到了图 6.19b 中的样子，∠1 和∠2 的和是平角，∠3 和∠4 的和是平角，∠5 和∠6 的和是平角，其中，∠2、∠4、∠6 是三角形的三个内角，∠1、∠3、∠5 是三角形的三个外角，六个角的度数总和是 180°×3=540°。如图 6.20 所示，当住在 20 层的小朋友站到阳台上看这块地时，和住在 2 楼的小朋友看到的情景差不多，就是三角形绿地稍微小了点儿；当住在 200 层的小朋友站到阳台上看这块绿地时，看到的三角形绿地就更小了；而坐在飞机上的那位小朋友，由于他处的位置太高了，三角形绿地在他眼里就变成了一个点。前后一比较可以发现，现在∠1、∠3、∠5 加起来是一个周角，而“消失的”三个内角（∠2、∠4、∠6）度数的和就是 540°−360°=180°。

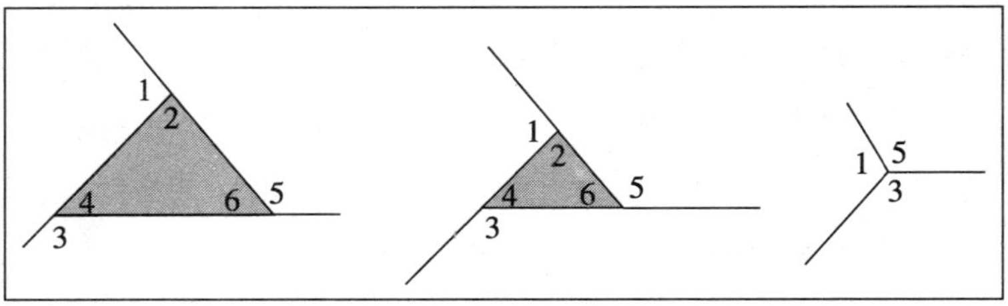

图 6.20

这样的补充，可以看成是在小学阶段原有实验几何、经验几何基础上的提升，也是初中阶段图形与几何逻辑推理和证明的渗透，它可以让学生在直观操作的基础上，获得一点理性思考的启迪。

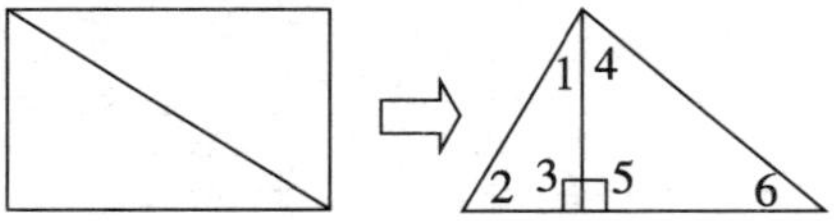

a　　　　*b*

图 6.21

有的教师步子迈得更大，他们采用逻辑论证的方式来让小学生学习“三角形的内角和是 180°”。大体思路是这样的：由小学生熟悉的长方形的四个角是直角、内角和是 360°入手，在长方形中画一条对角线（如图 6.21*a*），这样长方形就被分成两个完全一样的直角三角形，由此得出任意直角三角形的内角和是 180°；而一个任意三角形只要从内部画出一条高后，都可以分成两个直角三角形（如图 6.21*b*），也就是∠1＋∠2＋∠3＝180°，∠4＋∠5＋∠6＝180°，其中，∠3、∠5 是两个直角，共 180°，那么∠1＋∠2＋∠4＋∠6＝180°，也就是说，这个任意三角形的三个内角度数和是 180°（∠1、∠4 合起来是一个内角）。这种教学方式，逻辑性很强，理性味儿很足，如果去除用“四边形内角和”来推断“三角形内角和”这一循环论证的嫌疑，论证方法已经非常接近初中的证明了。不过，从实际效果来看，小学生学得很吃力，课堂上被教师拖着走的痕迹很重，整个教学过程具有明显的初中化倾向。

通过上述比较可以看出，在小学数学教学中落实“直观中孕育理性”的理念，一定要把握好度，形象是前提，抽象是本质，适度是关键。培养学生的几何直观能力作为小学数学教学的一个新课题，尚存有很大的研究空间。正如专家所说：“几何直观是数学中生动的、不断增长的而且迷人的课题，在内容上、意义上和方法上远远超出对几何图形本身的研究意义。相信对几何直观的研究能够成为数学教育的核心问题。”①

附：“长方体的认识”教学案例

“长方体的认识”教学设计与说明②

教学“长方体”，除了要让学生达到“掌握长方体面、棱、顶点的特征，理解长、宽、高的含义”等基本目标外，“发展空间观念”是一个着力于学生后续发展的上位目标。通过观察、操作等途径，学生不难达成基本目标。但是，使学生“发展空间观念”这样的上位目标，又该如何展现出来、落实下去呢？

杨庆余教授曾在《小学数学教学研究》中指出，空间观念是指物体的形状、大小、位置、距离、方向等形象在人头脑中的映象，是空间知觉经过加工后所形成的表象。可见，要通过“长方体”这一内容的学习发展学生的空间观念，就要用最有效的策略，在学生的头脑中建立起一个有关长方体面、棱、顶点的特征及它们之间内在联系、相互影响的清晰的表象。那么，这个策略是什么呢？在经验、观察、操作、想象、交流等诸多策略中，笔者意欲借助想象的力量，来实现这个目标。

【教学目标】

（1）让学生认识长方体，掌握其面、棱、顶点的特征，理解长、宽、高的含义。

（2）让学生经历观察、操作、想象等活动，培养想象能力，发展空间观念。

（3）让学生感受数学与生活的紧密联系，提高其学习的积极性。

---

① 秦德生，孔凡哲．关于几何直观的思考［J］．中学数学教学参考，2005，（10）．

② 本案例为浙江省嘉兴市海盐县实验小学教育集团顾志能老师提供．

【教学准备】

学生自带长方体形状的盒子一个；教师准备一些较大的长方体形状盒子，一刀 A4 白纸，多媒体课件。

【教学过程】

一、望文思义，导入新课

1. 引出课题

师（板书：长方）："今天我们要学长方……"

（有的学生说"长方形"，有的学生说"长方体"，由此引出"长方形"和"长方体"的区别）

交流得出：长方形是平面图形，只有一个面；长方体是立体图形，有六个面。

揭题：今天我们要进一步学习立体图形中的"长方体"（完成板书）。

2. 初步感知

（1）请学生展示他们带来的长方体形状的盒子，并让全体学生交流，看看他们所带的盒子是否都是长方体形状的。

（2）教师逐个呈现各种长方体形状的盒子：先是两个普通的盒子，如泡面箱、皮鞋盒等，学生都认同它们是长方体；然后是一个特殊的盒子，如上下两个表面是正方形的电话机盒子，学生对此有争议，开始都误以为是正方体，但很快就纠正了认识，确认是长方体。

（3）让学生说说长方体在生活中的广泛应用。

二、多种形式，认识特征

（一）掌握基本特征

1. 长方体的面

（1）初步认识

师：你对长方体还有什么了解？

生：长方体有六个面。

师：你能指出这六个面吗？

（教师请学生上台借助教具指出长方体的六个面）

师（追问）：谁能用表示位置的词语更有序地将六个面说出来？

（教师领着学生指出长方体的六个面，并引出“相对的面”）

师生小结得出长方体的面的特征：六个面都是长方形，相对的面完全相同。

（2）深入感知

师：做一个长方体，要用六个长方形。现在我这里有一个长方形（实物纸片），长是 3 分米，宽是 2 分米。要做成一个长方体，还缺几个面？

（学生都说缺少五个面）

师：你能想象得出另外的五个面分别是怎样的长方形吗？

（给学生充分的思考时间，引导学生观察教师手中的纸片，或让学生自己摆一摆，深入想象）

生：我把这个面当作前面的面，想到了它后面的面，应该也是长 3 分米、宽 2 分米的长方形。

（大家认可，教师再拿出一张纸）

师：接下来你又能想到哪个面？

生：我想到了上面的面，也是一个长方形。它一条边的长度为 3 分米，还有一条边长度不确定。

师：为什么一条边是 3 分米，另一条边却不能确定长度？

（学生上台示意，指出只有这条边的长度为 3 分米，才能和前面长方形的边正好吻合。因为前后两个面之间的距离可以变化，所以另一条边可长可短）

（3）形成共识

学生说完后，教师引导其他学生想象，然后通过课件演示（如图 6.22），帮助学生理解道理，形成共识。

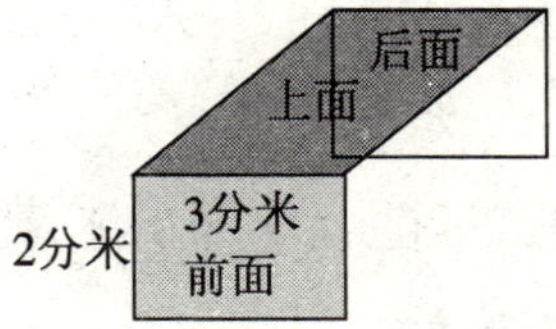

图 6.22

之后，教师引导学生顺势得出其余的长方形的尺寸。最后，教师用课件展示围成的长方体的六个面。

［设计说明：“长方体的六个面都是长方形，相对的面完全相同”，长方体的面的这些特征，很容易就能得出。那么，得出了这些特征，是否意味着学生头脑中的长方体的面的表象足够清晰了？恐怕还未必。只有当学生能够从整体的角度，从联系的角度来看这些面时，才算得上是将六个面“植入”了大脑皮层，即真正建立起了表象。为此，教师以“给定一个面，想另五个面”为载体，引导学生展开自由的想象。通过反馈交流，尤其是通过后续的再想象以及实物说明、课件演示等环节，学生系统地经历了一次从一个面到六个面的组建过程。在这样的过程中，学生从整体到局部、从局部到整体地对六个面进行了拆分（拼接），从而较好地把握面与面之间的联系，甚至能把握棱与面之间的关系。如此，学生得到的就不再是长方体的“六个面都是长方形，相对的面完全相同”这样一句简单的结论了］

2. 长方体的棱

（1）教师结合课件演示介绍长方体的棱的名称，师生共同数出棱的数量。

（2）学生运用学具，自己数长方体的棱的数量，并进一步思考其特征。

（3）交流得出棱的特征：长方体有12条棱，相对的棱的长度相等。

3. 长方体的顶点

教师结合课件演示，引导学生数出长方体的顶点的数量。

（二）形成深刻认知

1. 画长方体

师：刚才我们研究了长方体面、棱、顶点的特征。现在你能根据自己的经验和想象，画出一个长方体吗？

（学生画好后，教师挑选部分作品出来进行展示，针对一些不合理的画法，教师进行了示范）

师：我先画一个朝向我们的正面，再画它的上面，最后画它的右面，只要三步，一个长方体就画出来了（如图 6.23）。

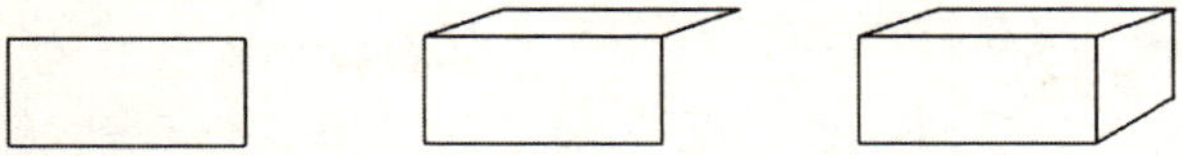

图 6.23

师：你能这样模仿着再画一次吗?

（学生模仿）

师（有意质疑）：长方体的 6 个面、12 条棱、8 个顶点，“作品”中为何不全?

生：被挡住了，看不到。

师：谁能发挥想象，透过这个长方体，看到被挡住的面、棱、顶点?

（待学生想象后，教师请一名学生到黑板前补出被挡住的部分，学生补了三条棱，如图 6.24）

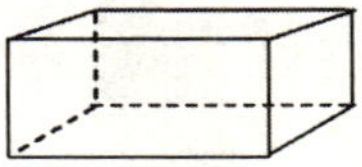

图 6.24

师（指着图 6.24）：这幅图中，长方体的面、棱、顶点难道就都不缺了?

（教师请一名学生到黑板前有序地指出面、棱、顶点，大家认可他的答案。此时，教师再请全体学生闭眼想象这样一幅透视图，并在头脑中指出长方体的面、棱、顶点。

[设计说明：长方体的面、棱、顶点的特征，如何才能刻入学生的脑海？如何才能让学生在需要运用的时候灵活调用？光凭之前的实物触摸、课件观察，学生的印象还是不够深刻的。学生头脑中缺乏一个完整的面、棱、顶点综合在一起的长方体映象，这对他们以后解决相关的数学问题，如棱长总和的计算、表面积的计算、展开图的辨析等是非常不利的。

基于这样的思考，使学生学会画长方体并不是本环节的真正目的，让学生经历从简单图到透视图的变化过程，在透视图上完整有序地指出长方体的面、棱、顶点，并将这幅透视图印在头脑中，这才是本环节的价值追求。印在学生头脑中的这幅图中，长方体的12条棱可以分成3组，每组是相对的4条，原本抽象的、难以记住的特征，就这样清晰、直观地呈现了出来。面、棱、顶点之间的联系，长、宽、高之间的联系，也不言自明地展现在图上。后续的求棱长总和、长方体的分割与拼组等各类复杂的问题，也都会因为学生有了几何直观能力而变得简单。这样的环节，有效地提升了学生的学习能力]

2. 教学长宽高

(1) 教师借助图6.24，抓住其中相交于1个顶点的3条棱，教学长、宽、高的概念。

(2) 练习。教师用课件呈现一组长方体（如图6.25），请学生说出它们的长、宽、高各是多少厘米。

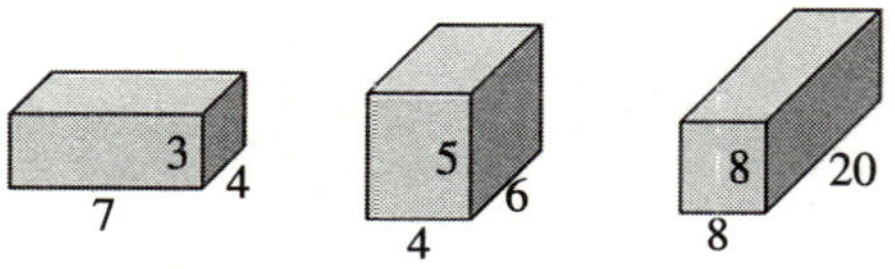

图6.25

(3) 操作。学生摆放自己拿来的长方体盒子，测量长、宽、高。

三、深入想象，提升拓展

(一) 根据数据，想象实物

1. 基本题

师：老师在家电市场测量了一些长方体形状电器的长、宽、高，你能想象一下这些家电是什么电器吗？

（教师用课件呈现所测电器的尺寸，请学生想象：

①长60厘米，宽60厘米，高1.4米；

②长50厘米，宽40厘米，高30厘米。

有些学生在想象时有困难，教师引导学生自己用手比画比画，学生纷纷举手猜测，气氛热烈）

2. 变式题

师：再请同学们想象一个长方体。（用课件展示长方体长、宽、

高的尺寸：长 20 厘米→长 20 厘米、宽 20 厘米→长 20 厘米、宽 20 厘米、高 10 厘米）

学生的猜测结果逐渐由多样化走向统一，大家认识到长、宽、高综合起来才能决定长方体的具体形状和大小。

（注：这个长方体就是课始提及的电话机盒子，至此，学生初步体会到它的特殊之处就在于它的长和宽是一样的）

[设计说明：长度、面积或体积等都是空间对象量的方面的概念，是分别描述空间对象在一维、二维、三维上的大小的。建立这些量的方面的概念，不仅能让学生更精确地刻画空间对象，而且能促使学生进一步发展空间观念，逐步形成空间推理能力和空间想象能力。因为学生在几何形体的测量与计算过程中，不仅要运用相关的概念，而且还要认识到这组概念之间的联系。同时，学生还需要对测量对象的大小进行估值，以便在头脑中再造空间对象在大小方面的映象。本教案中设计的让学生根据长、宽、高的数据来猜长方体实物名称的环节，目的就在此。教师给出长方体长、宽、高的数据，为的是引导学生首先将三个一维的量的形象逐个建立起来，形成初步的感知；然后在头脑中进行转化组合（用手比画，也是一种促进组合的形式）；最后将组合成的三维图像与储存在大脑皮层的长方体实物一一比对，确定目标。通过不断地想象，学生原本对长方体的粗略感知——尺寸不一、形状各异，上升为理性认识——可用长、宽、高来具体地刻画。这样的过程，是实现空间对象理性再造的过程，也是促进学生空间观念发展的过程]

（二）借助课件，想象变化

师：长、宽、高和长方体到底有什么关系呢？我们再来看一下电脑动画。

（教师运用几何画板，演示长、宽、高变化时，长方体是如何变化的。在这个过程中主要渗透两点。第一，长、宽、高相等的长方体就是正方体。第二，长方体的高逐渐变短，至零时就成了长方形；长方形的宽逐渐变短，至零时就成了一条线段；线段长度逐渐缩短，至

零时就成了一个点；即体→面→线→点）

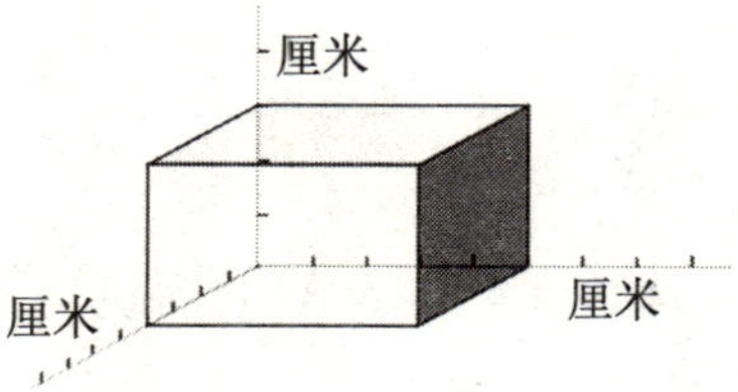

图 6.26

三、课堂总结，升华感情

课堂总结后，课件显示爱因斯坦的名言：想象力比知识更重要，因为知识是有限的，而想象力概括着世界上的一切！

【设计总评】

空间观念的培养需要从空间想象力的培养开始。创新思路，以想象为核心，借想象去探究问题，是这节课想要展现的特色。

发展空间观念离不开必要的策略或手段。如我们经常采用的观察、实验、操作、测量等活动，就是通过主体（学生）与客体（空间物体或几何图形）的相互作用，使主体实现对客体的空间形式及其运动、变化和位置关系的深入把握，在帮助主体掌握几何知识的同时，促进其空间观念的发展。如果我们回忆一下小学阶段几何领域的各部分内容，如“面积”“体积”“平行与垂直”“三角形的内角和”“平行四边形的面积”等，我们就会发现，教学时，很多教师都在积极主动地运用着依托实物、引导观察、组织操作等方式。这样的策略，在本课的教学设计中也有很清晰的体现。每位学生都有一个长方体形状的盒子——可亲身地去感知；拼组长方体的面，补画长方体的棱——需用心地去观察；用手去比画长、宽、高，自己测量长、宽、高——要带着思考去动手。

除了这些学习方式、手段的运用外，如果我们能从运动、变化的角度来研究几何图形，就会使几何教学变得更有内涵。这也是《课程标准（2011 年版）》将“图形的运动（变换）”作为几何教学领域重要组成部分的目的所在——多角度、全方位地认识几何图形的特征、位置、关系等，从而增强几何直觉能力，发展推理能力，提升思维能力，培养创新精神。在本课中，教师给定长方体的一个面而让学生想另外五个面的情境，事实上就是在追求这样的目标。因为拼组长方体六个面的过程，就是一个一维（棱）与二维（面）发生联系的过程，也是一个二维（面）转化为三维（体）的过程，同时还是一个需要用到平移等图形运动（变换）知识的过程。在这样的过程中，学生空间想象、缜密思考、细致推理的能力得到了发展，对长方体的特征更是有了理性而深刻的认识。这样的过程，就是有内涵的几何学习过程。其实，课的最后，教师用几何画板演示长（宽、高）的变化引起几何体的变化，其实是在借助动态变化的形式将几何图形的内在联系清晰地揭示出来。几何的魅力，就在这样的动态变化中彰显无遗。

第七章　“统计与概率”的教学实施

第一节　概　　述

“统计与概率”是小学数学教学内容的第三大板块，也是本次课标修订时“动作”最大的一部分内容，无论是理论上还是实践上都需要我们特别地关注。

《课程标准（2011 年版）》中指出，“统计与概率”的主要内容有：收集、整理和描述数据，包括简单抽样、整理调查数据、绘制统计图表等；处理数据，包括计算平均数、中位数、众数、极差、方差等；从数据中提取信息并进行简单的推断；简单随机事件及其发生的概率。贯穿其中的主线是：数据分析过程、数据分析方法、数据的随机性、随机现象及简单随机事件发生的概率。

数据分析过程可以概括为收集数据、整理数据、描述数据和分析数据。要使学生树立数据分析观念，最有效的方法就是让他们投入到数据分析的全过程中去。在此过程中，学生不仅仅要学习一些必要的知识和方法，同时还将体会数据中蕴含的信息，提高自己运用数据分析问题、解决问题的能力。

数据分析方法既包括收集数据的方法，也包括整理、描述、分析数据的方法。常用的收集数据的方法有调查、试验、测量、查阅资料等；整理数据的方法有分类、列表、排序、计算等；描述数据的方法主要是绘制统计图表。和以往不同的是，《课程标准（2011年版）》第一学段不要求学生学习正式的统计图表或统计量，只要求他们能用自己的方式（文字、图画、表格等）呈现整理数据的结果；第二学段要求学生学习常见的统计图表，并且要求学生能用它们直观地、有效地表示数据，学习刻画数据集中趋势的统计量“平均数”。

数据的随机性主要有两层意思：一是对于同样的事情每次收集到的数据可能会是不同的；二是只要有足够的数据就可能从中发现一些规律。统计和概率是从不同的角度来研究随机现象的，统计侧重于用数据来刻画随机现象，概率侧重于建立理论模型来刻画随机现象。《课程标准（2011年版）》中第一学段只要求学生学习统计，不要求学生学习概率。第二学段要求学生开始学习概率，但所涉及的随机现象都是基于简单随机事件的：所有可能发生的结果是有限的，每个结果发生的可能性是相同的，如通过抛硬币、转转盘等“感受简单的随机现象，能列出简单的随机现象中所有可能发生的结果”，并“能对一些简单的随机现象发生的可能性大小做出定性的描述”。要求比原来有所降低，内容也有所减少。第三学段开始比较集中地学习概率，要求学生能通过列表、画树状图等方法列出简单随机事件的所有可能，并能定量描述概率等。

总的说来，和《课程标准（实验稿）》相比，《课程标准（2011年版）》虽然在名称上依然使用“统计与概率”，但是在内容上调整较多，在理念上也有很大的变化，它将原核心概念“统计观念”改为“数据分析观念”，大幅度地削减了“概率”在小学数学课程中的分量，这些调整和变化都对“统计与概率”内容的教材修订和教学实施提出了新的挑战。在《课程标准（2011年版）》最后所附的82道例题中，有14道是与“统计与概率”有关的（例17～19，例38～41，例67～73），我们可以一边研读例题，一边对比上述变化，让教学的步伐更加坚实。

第二节 实施要点

一、重视数据收集、整理之前的准备，让学生尽可能多地经历数据的收集过程

统计离不开对数据的收集和整理，而任何数据的收集和整理都需要有很多的准备。比如说，基于什么考虑、为了什么目的来收集数据？按照怎样的标准、分哪些项目来收集数据？如何保证数据收集的有序、准确，中途可能会遇到哪些困难？用什么样的方式来记录数据？这些准备工作在很大程度上影响着统计活动的进程和效果。《课程标准（2011年版）》最后的附录例17要求“分别选择三个不同的标准把全班同学分为两类，记录调查结果”，该教学说明中指出“比较、排列、分类等活动是对数据进行初步整理，是学生进行数据分析的开始”，建议“教师给出问题后，引导学生讨论不同的分类标准。例如，性别、身高、家到学校的距离、出生年月、左右手写字，等等”“当提出的标准较多时，可以分组进行活动，完成调查”。这些都突出了数据收集之前的准备工作的重要性。同样，附录例18“新年联欢会准备买水果，调查班级同学最喜欢吃的水果，设计购买方案”，也建议做如下教学设计：（1）全班同学讨论决定购买方案的原则，可以在限定的金额内考虑学生最喜欢吃的一种或几种水果，或者其他原则；（2）鼓励学生讨论收集数据的方法。例如，可以采用一个同学提案、赞同举手的方法；可以采用填写调查表的方法；可以采用全部提案后，同学轮流在自己同意的盒里放积木的方法；等等。必须事先约定，每位同学最多可以同意几项。

良好的开端是成功的一半。重视数据收集前的准备工作，实际上是为了培养学生的整体思维，增强他们发现问题、提出问题的意识，让统计活动更加有条理、有预见性、有水准。事实上，收集数据

的主要目的是为了解决那些无法立即找到答案的问题。培养数据分析观念的重点就是要引导学生有意识地从数据的角度思考问题，当遇到某些问题时能够想到通过设计简单的数据收集计划来解决这些问题，让学生通过这样的过程认识到数据是有用的，数据中往往蕴含着我们想要的信息，数据能够帮助我们作出判断和决策。

在此基础上，教师在教学中还要尽量让学生经历数据收集和整理的全过程。在以前的统计教学中，我们比较多的是提供数据（尤其是中高年级），让学生对现成的数据进行整理、分析，而《课程标准（2011年版）》提出了"加强体会数据的随机性"的要求。"体会数据的随机性"不只是针对概率（包含可能性）教学，也包括统计教学的内容，当原始数据被一个一个地收集起来时，不仅体现出很强的"随机性"，而且还可以触发学生对"哪些数据最经常出现""数据表现出什么趋势""能从这些数据中得到什么结论""从这些结论中能做出什么预测"等后期进行数据推测、分析时需要思考的问题进行不知不觉的"提前关注"。这也是培养学生的数感和数学直觉的重要举措，因为他们可以从中积累丰富的数学活动经验。东北师范大学的马云鹏教授在说明统计内容教学和实施时曾举过这样一个实例：

下表是某市一周之内的最高气温，请将表中的信息绘制成折线统计图。①

	6月21日	6月22日	6月23日	6月24日	6月25日
最高气温（℃）	26	27	27	26	28

这是小学数学中常见的问题，题目要求学生运用统计图的知识与方法表示数据。如果把这道题改编一下，变成"记录某市一周之内每一天的气温，再提出相关的问题，并在班上讨论"。这两道题的区别一目了然，它们对学生的要求也有很大的不同。第一道题只是在解决一

① 马云鹏．数学教学中如何体现积累活动经验目标［J］．江苏教育（小学教学版），2011，(12)．

个问题，学生需要运用相关的知识和技能去解题，可以起到促使学生理解和巩固知识、技能的作用。而改编后的题目，需要学生先亲自收集真实的数据，再把数据按恰当的方式记录和整理出来，从中找出有价值的信息，提出有意义的问题，这需要一个较长的过程。在这个过程中，学生要用到数学的相关知识与技能，更要根据各种实际情况做一些具体的事情，在这个做的过程中，学生有了体验和经历。不同的学生可能会用不同的方法，他们的经历也会有所不同。第一道题通常出现在测试中，而第二道改编后的题，则需要采用活动记录、课堂交流、小型调查报告等多种方式，重点在于考查学生的参与状况和学习过程，同时还要综合考虑不同学段学生的能力水平。

再比如，在统计全班学生的身高或体重时，为了省时省事，一些教师常常直接将全班学生的身高或体重汇总表提供给学生（有时甚至提供一组完全虚拟的数据），让他们去分析、画“正”字、汇总统计结果。这是典型的“掐头去尾烧中段”的教学方式。事实上，如果课前让每个学生都先回家测量一下自己的身高或体重，他们就能真真切切地“关注自己”。等到了在课堂上对全班学生的身高、体重数据进行询问和记录时，每询问一个数据，每记录一个结果，他们都会不由自主地将别人的数据和自己的数据进行比较：是比自己高，还是比自己矮？是比自己轻，还是比自己重？在多个数据统计完成后，每个学生就能对全班同学的大体身高、通常的体重有直接的感知（这是对“众数”的感受），同时，也能对班上最高、最矮、最重、最轻的同学和数据有印象（这是对“极端数据”的感受）。在此基础上，教师再要求学生来对数据进行统计和分析，学生的兴趣就会更浓，体验会更深，效果会更好。

二、加强对不同学段“阶段要求”的整体把握，体现数据整理和分析的多样性

对于“统计与概率”内容的编排层次与教学要求等，相关学者和教师争议颇多。如要求低年级学生学习“可能”“一定”“不可能”，

但数学上的“可能”“一定”“不可能”和生活中的“可能”“一定”“不可能”意义一样吗（比如，“明天老师可能要表扬”中的“可能”是否属于数学意义上的随机事件）？要求中年级学生学习“等可能”，但是直觉感知“等可能”与理性推断“等可能”之间的度该如何把握（比如，怎样理解抛硬币正、反面朝上的可能性相等）？再比如，原来对学生绘制统计图的要求比较低，因而我们总是比较多地提供“基本成型”或“不太完整”的统计图表，让学生简单地进行填补，这在一定程度上限制了学生的个性化思维和表达，是重“美观”“规范”，还是重“理解”“自由表达”？这些问题都值得思考。

梳理《课程标准（2011 年版）》附录中的“统计与概率”例题，我们可以看出新课标特别强调对不同学段“阶段要求”的整体把握。比如，第二学段的例 38“对全班同学的身高数据进行整理和分析”与第一学段的例 19“对全班同学的身高进行调查分析”就是关于同一组数据在不同阶段教学中的使用的例题，前者重在数据调查基础上的分析，后者重在图表表达基础上的分析。第二学段的例 41 和第三学段的例 72，列举了同样的素材（船、房子、船、车四张卡片）研究概率（可能性），但是，却提出了不同的教学建议。这种贯通式的比较，可以让我们更好地把握不同阶段的教学要求。

此外，和“统计与概率”相关的绝大多数例题都特别强调学生数据分析、整理的体验的个性化和方法的多样性。比如，例 19“对全班同学的身高进行调查分析”，提出“在整理中，可以让学生尝试创造灵活的方法”“寻找最高，可以直接比较寻找，当学生人数比较多时，也可以分组寻找组内最高，然后在每组的最高中寻找最高”等建议。例 38“对全班同学的身高数据进行整理和分析”，提出“组织学生讨论并明确画统计图的基本标准。如果学生意见不一致，可以根据意见的不同把学生分组，各自画出统计图后进行比较”等注意点。这些都表明，教学时教师要鼓励学生积极地投入统计活动过程，并留给学生足够的独立思考和自主探索的时间与空间，让他们在此基础上加强与同班同学的合作与交流。在自主探索过程中，学生可能会运用多种方法来解决问题，如在统计活动中选择不同的调查对象、选择不同的收集数据的方法、用不同的统计图表和统计量来描绘数据等。教师要鼓励学生的这种有个性的行为，以促进他们的发展。另外，学生之间还会存在一定的差异，教师在保证实现基本教学目标的前提下应允许差异的存在，并尽量发掘每一个学生的潜能，使学生在合作交流中互相促进、共同发展。

具体一点讲，我们可以从以下三个方面引导学生从不同的角度分析数据。第一，我们要引导学生从只关心个别数据（尤其是极端数据）逐步过渡到关注一组数据的方方面面。例如，在对全班同学的身高情况进行整理和分析时，学生通常会关注这组数据的最大值、最小值，最大值与最小值相差多少等问题。以此为基础，我们可以引导学生进一步讨论这组数据中每个高度段各有多少人，哪些高度段的人数较多，哪些高度段的人数较少，自己处于什么范围等问题，从而使他们初步体会分析数据的一些基本方法。第二，我们要引导学生逐步意识到把一组数据看作一个整体是非常重要的。教师可以通过对两组相关数据的比较，使学生认识到要清楚地确定两组数据间的异同，仅靠说明每组数据中的最大值、最小值或数据分布情况是不够的，由此引入均值的概念；也可以在讨论一组数据中的最大值、最小值与全部数据的分布情况后，要求学生找出一个能够代表这组数据整体水平的数值，从而使他们感受平均数提供的信息，以及它在相应的现实背景中所具有的意义。第三，我们要引导学生从关注“数据本身能说明什么”逐步过渡到“基于数据进行一些有意义的推断”。例如，从自己班同学中超过一半的人有蛀牙这一情况，是否可以推断出同年级其他班级同学，乃至全校所有同学的蛀牙情况？其中哪个判断要可靠一些？要使推断更加可靠可以怎样做？事实上，这样的推断或多或少已经涉及样本与总体的关系。尽管小学生不可能也无须理解样本与总体等概念，但却可以借此初步感受样本与总体的关系。如果我们能够在活动中适当组织一些如上的讨论，或者将从全班同学中获得的数据与更大范围的相关数据进行一些有意义的比较，相信学生对数据的理解将更加透彻，基于数据所进行的思考也将更加深入。①

当然，数据分析的多样性也包括对“数据代表”的多样化理解。比如，《课程标准（2011 年版）》要求低年级学生寻找最大值、最小值、相差值（极差），初步体会这些数据所蕴含的意义都是不一样的；要求中高年级学生对出现次数最多的数据（众数）、平均数、中等状态的数据（中位数）进行观察和比较，为第三学段学习“众数”“中位数”等做铺垫。

三、降低“概率”教学的难度，在探究性活动中增强学生对随机性和规律性的感受

自“概率”教学进入小学阶段数学教学以来，如何理解“概率”的含义，如何把握教学的度，一直是人们关注的焦点和热点，教学中的一些“随意”现象和“表层”思维，常常让我们的课堂遭遇尴尬。比如一位教师教学“可能性”时，在一个不透明的盒子里放入了 1 个白球、1 个黄球，提问学生：“任意摸一次，结果会怎样?”学生都认为：“可能摸到白球，也可能摸到黄球。”可是，学生一连摸了 7 次，摸出的都是白球。在教师万分焦急和学生万般无奈时，第 8 次终于摸到了黄球。这时，教师长松一口气，满意地笑了，教学迅速转入下一环节。上完课后，教师只是叹息摸球这一环节进行得太不顺利了。这“无奈的叹息”背后，隐藏着其本身可能性知识的匮乏。那么，我们该怎样正确认识连续 7 次摸到白球这一事件呢？首先，摸球属于不确定的随机事件，每一次摸到什么颜色的球，这是事先无法确定的。其次，不管前一次（或前几次）摸球结果怎样，都不会对下一次的结果产生影响。再次，连续 7 次摸到白球属于小概率事件，但小概率事件也是完全可能发生的。认识到这几点，学生连续几次摸不到黄球就

① 黄为良．“统计与概率”内容变化及教学启示［J］．教育研究与评论（小学教育教学版），2012，(4)．

成了一个更利于学生感悟随机现象的宝贵资源。比如，当学生连续3次摸到的都是白球时，教师可以引导学生讨论“怎么会连续3次摸到白球”，使学生感悟到每次摸球的结果在摸之前是无法确定的，连续多次摸到白球也是有可能的。同时，教师可追问“第4次会摸到什么颜色的球”，使学生认识到前一次摸球的结果并不会对后一次的结果产生影响。当学生摸到的依然是白球时，教师继续追问“真的摸不到黄球吗”，使学生明确：盒子里有黄球，只要不停地摸下去，是一定能摸到黄球的。当黄球终于出现时，教师继续提问“你对可能性有了哪些认识”。这样，学生就能对概率中的可能性有充分的理解了，而不只是停留在一般的“感觉”判断上。由于“概率”进入小学数学课程的时间还不长，而且大多数小学数学教师在自己的学习经历中对概率知识的了解很少，许多教师都存在概率知识缺失的问题，这就导致在课堂教学中当学生提出错误认识时教师难以给出合理的解释，不能对学生进行合理的引导。因此，教师必须加强概率知识的继续学习，不断丰富和更新自己的知识。只有教师本身具备了丰富的概率知识，才能在学生质疑问难时给予正确的指导，才能灵活地把握和应用知识，实现有效的概率教学。

由此也可以看出，专业的数学知识是我们教学的基石，而对学生的准确定位是我们教学的起点。华应龙老师曾对小学一、三、四年级的202名学生进行过一次小型的问卷调查，调查结果反映：没有受过学校教育的大部分6岁（一年级）儿童能区分可能事件、不可能事件和必然事件，87％的一年级学生对“从一个装有3个黄球、1个白球的盒子里摸出一个球”的选择回答是“摸出的可能是黄球”，而三四年级则有96％的学生选择了正确的答案；超过六成的6岁儿童能定性比较可能性的大小，64％的一年级学生面对上述情境选择了摸到黄球的可能性大，而三四年级学生对这一问题回答的正确率达到了97％。[①] 正是基于这些原因，《课程标准（2011年版）》在小学第

① 华应龙，施银燕．所有的判断都是统计学——“统计与概率”备课与教学难点解析［J］．人民教育，2006，(1～2)．

一学段不再安排专门的“概率”（可能性）教学内容。但是，这并不是说对“概率”本身意义的理解可以含糊。虽然学生在学习相关内容之前存在着一些生活经验，这些经验是学生学习的基础，但其中有一些是错误的。北京师范大学的张丹教授就曾列举出学生在课堂上经常出现的对“概率”的误解。比如，不承认偶然性：两名学生用“石头、剪刀、布”的方式决定输赢，游戏前，教师让其中的一名学生猜测谁会赢，这名学生肯定地认为自己会赢；教师进一步询问他为什么认为自己一定会赢，他毫不迟疑地回答：“因为我有信心！”认为有信心就能赢，或者认为自己能摸到所喜欢颜色的球，都表明这些学生没有认识到随机现象的存在。反过来，也有过于轻信偶然性的：学生连续从盒中摸球（盒中有黄球也有白球），摸了几次“黄—白—黄—白”后，一个学生突然举手，说自己发现了“规律”，即这次摸到黄球，下次一定摸到白球，黄白是轮流的。

消除错误的经验，建立正确的直觉是概率教学的一个重要目标。要实现这一目标，必须让学生亲身经历对随机现象的探索过程，让他们在探究性活动中感受随机性，增强“有根据地”猜想的意识，在随机性中探寻规律性。《课程标准（2011 年版）》附录中的例 40“袋中装有 4 个红球和 1 个白球。只告诉学生袋中球的颜色为红色和白色，不告诉他们红球数目与白球数目，让学生通过多次有放回的摸球，统计摸出红球和白球的数量及各自所占比例，由此估计袋中红球和白球数目的情况”，重点突出了“借助学生感兴趣的摸球游戏，使学生体会到数据的随机性。一方面，每次摸出的球的颜色可能是不一样的，事先无法确定；另一方面，有放回重复摸多次（摸完后将球放回袋中，摇晃均匀后再摸），就能发现一些规律”的新要求。

大家熟悉的由华应龙老师执教的“游戏公平”一课也很好地体现了这样的理念。教学时，华应龙老师首先设计了一个“掷啤酒瓶盖”的实验，华老师的啤酒瓶盖虽然落下后也存在两种可能性情况，但二者不是等可能的（因为啤酒瓶盖质地不均匀），符合统计概率，那公平与否就需要做实验，运用频率去估计概率的大小。实验前大多数学生都认为结果是公平的，但通过动手实验，尤其是收集数据、分析数据后，学生却发现反面朝上的可能性更大一些。华老师让学生进一步分析为什么反面朝上的可能性大，还用了一个形象的比喻：踢毽子。当学生恍然大悟时，华老师又让学生思考怎么设计比较公平。学生纷纷想到抛硬币、掷骰子等。于是华老师给学生准备了两种骰子，一种质地均匀，一种质地不均匀，让学生通过实验来判断骰子的质地是否均匀。随后，华老师再一次让学生通过数据分析，运用数据去推断哪几组的骰子质地是均匀的，哪几组骰子的质地是不均匀的，质地不均匀的骰子中哪一面朝上的可能性大？课程即将结束时，华老师回到刚开始的环节设计了一次抛瓶盖的实验，当所有学生都认为结果是反面朝上时，电脑却显示出正面朝上。哈哈，“一切皆有可能”，这是对随机思想多好的诠释啊！

这个课例，说明概率与统计是密切联系着的，求事件的概率是从局部考虑问题，而统计则是从全局来考虑问题。我们可以先运用统计分析问题，然后利用概率帮助我们作出自己的判断。学习统计与概率知识，能使我们了解事物的各个方面，以便作出正确的决策。在小学概率教学中，教师应将统计与概率的内容密切结合起来，这样是有意义、有可能和有必要的。在教学中，教师可以将统计作为统计随机事件的过程，将概率分析作为对统计结果的分析。在教学内容的安排方面，教师可以尽力挖掘传统统计内容中的概率内容，抓住统计教学中的概率意义分析。这其实也是在为学生创造随机环境，不仅可以让他们认识到概率在生活中的实用价值，更可以培养他们的随机观念。

对小学生而言，对概率形成初步的理解，往往只能靠多次的亲身体验才能实现。由于学生在日常生活中接触到的且能够接受的主要是确定性事物，他们对于不确定性事物的认识非常有限，因而难免存在着一些概率方面的错误认知。消除学生的错误认知，使他们建立正确的概率知觉是概率教学的一个重要目标。要实现这一目标，必须让学生亲自经历对随机现象的探索过程。在概率教学的初始阶段，教师应通过真实数据、活动和直观模拟，创造情境以鼓励学生检查、修改或更正他们对概率的认识。首先，教师可以引导学生猜测结果发生的可能性，让学生亲自动手进行实验，收集实验数据，分析实验结果，并将所得结果与自己的猜测进行比较，必要时可以建立概率模型，并与实验结果联系起来。学生在此过程中可以随意将自己最初的猜测、实验的结果和概率理论进行比较，这将有利于促使他们修正自己的错误经验，建立正确的概率直觉。其次，对于学生的一些回答，教师不能简单地判断对错，而应该深究学生如此回答的理由，因为即使是正确的答案，其背后也可能有错误的理由。为了消除学生的错误认知，教师应该要求学生说出理由，并有针对性地帮助学生，使其建立起正确的概率认知。

在概率教学中，常常需要让学生动手操作、实验。让学生在活动中进行体验很重要，而活动前、活动中、活动后的思考更重要。没有思考，学生对概率知识的理解只能是一种机械的模仿或照搬，涉及的也只是知识的表层，有些学生甚至会一无所获。学生只有主动地从个体出发对新知识进行深层次地思考，才能达到掌握知识，并能将知识运用到实践中去的目的。教师不应该把“做实验”变为“讲实验”，而应该逐步引导学生去体验、思考，这样才能丰富学生对随机事件的体验，使他们更深刻地领会概率的思想方法，并在思考、探索中巩固知识，进一步把握概率的本质。

附：“简单的随机现象”教学案例

“简单的随机现象”教学设计与说明

【教学内容】

随机现象发生的可能性。

【教学目标】

（1）让学生通过猜想、实验，初步感受随机事件的偶然性。

（2）让学生初步理解随机事件中偶然性与必然性的辩证关系，培养学生的概率意识。

（3）在合作交流中培养学生分析、推理的能力，使他们感受到数学就在身边，体会数学学习与现实的联系。

【教学重难点】

让学生感受并初步理解随机事件中偶然性与必然性的辩证关系。

【教学过程】

一、引入

1. 师：网上有一段足球比赛的视频，名字叫《足球史上最不可思议的五个进球》。这五个进球到底怎样让人觉得不可思议呢？

（播放视频，这五个球的进球过程或一波三折，或误打误撞，或歪打正着，或匪夷所思，把足球运动的偶然性演绎得淋漓尽致）

2. 学生谈观后感（大家觉得好玩、碰巧、不可思议……）。

3. 师：关于足球比赛的胜负有一句名言："足球是圆的。"（出示名言）足球的形状当然是圆的！那么，这句名言只是一句"正确的废话"吗？人们为什么要用这句话来形容足球比赛的胜负呢？

（因为圆圆的足球可以向任何一个方向滚动，有时候一个偶然因素就有可能改变足球的运动方向，甚至改变一场足球比赛的胜负。"足球是圆的"，是说足球比赛中具有很大的偶然性）

师：在数学上，我们把不能人为控制的事件，叫作随机事件。球场上的随机事件，一时半会儿说不清楚。我们还是先来研究一个数学上的、相对简单的随机事件——摸球游戏。

［设计说明：先从学生熟悉的足球比赛中的偶然性事件引入，再研究数学上的随机事件，虽然两者不完全是一回事，但在一定程度上表明了随机事件的核心——偶然性带来随机性，为学生更好地研究数学上的随机现象提供了经验上的支持］

二、展开

1. 摸球游戏

盒子里有同样大小的黄白两色的乒乓球共 6 个。

（1）如果是 5 黄 1 白，摸到什么球的可能性大？如果是 2 黄 4 白，摸到什么球的可能性大？如果是 3 黄 3 白，摸到什么球的可能性大？

师：可能性的大小与什么有关？有什么关系？

讨论后导出板书：

数量		可能性	
	多		大
	相等		相等
	少		少

师：这些规律，地球人都知道。作为一个爱思考的人，我们要进一步思考的是：当你重复摸若干次，两种球被摸到的次数相等吗？两种球被摸到的次数有规律吗？

（2）以“3 黄 3 白”为对象，进行实验探究。

规则：让学生按顺序每人连续摸球 4 次，每次摸球 1 个；摸球前先搅匀，摸好后放回袋中；组长将记录的摸球结果汇总后输入电脑。

（3）学生带着各自的猜测进行摸球实验。

（4）反馈实验结果。

初次归纳：每个组的学生摸到两种球的次数比较接近，都是围绕总次数的一半上下波动。

增加样本：4 个组的摸球结果汇总后，是否也有这个规律呢？

类推联想：如果是摸 1600 次呢？摸 2000 次、4000 次呢？

2. 数学家的抛硬币实验

师：由于时间关系，我们不可能无限制地实验下去。其实，为了研究随机事件中可能性大小的规律，数学家们曾经用抛硬币的方法做过大量的实验。（出示数学家德·摩根、蒲丰、费勒、皮尔逊、罗曼诺夫斯基抛硬币研究正、反面朝上的次数的实验图片）看了这些，你有什么发现？

二次归纳：虽然正、反面朝上的次数不一定相等，但比较接近，都是围绕总次数的一半上下波动，而且波动的幅度不大。

3. 计算机模拟抛硬币实验，再次验证发现

师：在许多体育比赛项目中，常常采用抛硬币的方法来决定比

赛的先后次序，这是否公平？虽然每一次的结果都是偶然的，但通过大量重复实验，结果中又表现出了一定的规律。

导出：必然性。

[设计说明：摸球、抛硬币都属于简单的随机事件，即所有发生的结果是有限的，每个结果发生的可能性是相同的。它们都属于古典概率情况，能用公式直接算出可能性。但是，小学阶段的教学并不要求学生对可能性进行定量刻画，只要求他们通过实验并加以分析来感受可能性的大小，这就为通过数据分析来感受数据的随机性提供了可能]

三、拓展

师：在必然性中是否包含着偶然性呢？比如，将一枚硬币连续抛100次，有没有全部正面朝上的可能性？

让我们带着争议来看两起事故。

(1) 美俄卫星相撞。2009年2月10日，一颗美国通信卫星与一颗俄罗斯已报废的卫星在太空相撞。据专家分析，卫星相撞的可能性只有几亿分之一。此次卫星相撞产生的大量太空碎片严重影响了在轨卫星的安全。这是人类第一起“太空交通事故”。

(2) 英法潜艇相撞。就在同一年的同一个月，一艘英国核潜艇与一艘法国核潜艇在大西洋中部海底发生相撞事故。据悉，两艘核潜艇在海洋中同一位置的可能性只有几百万分之一。英国《独立报》报道，英、法核潜艇相撞时各携带16枚洲际弹道导弹，爆炸威力可达广岛原子弹的1248倍。虽然军方称核导弹安全没有受到影响，但相撞事件还是让外界感到后怕。

师：看了这两起事故，你有什么感受？

导出：即使可能性非常小，但一切皆有可能！将一枚硬币连续抛100次，全部正面朝上的可能性是有的，但非常非常小。

四、应用

1. 在日常生活中，哪些地方用到了可能性大小的知识？请举例。(买彩票、抽签、抓阄儿……)

2. 古今中外，有许多巧妙运用可能性大小的经典例子：

从前，一个小国家有个特殊的规定，凡是被判了死刑的犯人都有一次重新选择“生”或是“死”的机会。犯人在分别写有“生”和“死”的两张纸条中抽一张，抽到“生”则生，抽到“死”则死。有一个人被陷害入狱，陷害他的人又买通了大法官，在两张纸条上写的都是“死”字。一个正义的法官把这个坏消息悄悄地告诉了那个被陷害的人。抽签时，那个被陷害的人从两张纸条中抽出一张，迅速塞到嘴里咽了下去……

师：这个被陷害的人最后是生还是死？为什么？

揭示：偶然性与必然性在一定条件下是可以相互转化的。

[设计说明：两起事故都属于小概率事件，但是概率再小，也有发生的可能，这就是偶然与必然的对立统一。被陷害的人进行“生”“死”选择的故事，将“可能事件”转变成“确定事件”，又揭示出偶然和必然的互相转换，给学生以辩证思维的启迪]

五、小结

师：事物之间是相互联系的，偶然中包含着必然，必然中也有偶然，所以我们要以运动和变化的眼光去观察世界，分析和研究问题，要有一种随机的意识。这让我想起外国一句著名的广告词：Nothing is impossible. 意思是说，一切皆有可能。

【设计总评】

通过数据来体验随机性是数据分析观念的重要内容，也是第二学段“统计与概率”的教学要求。本堂课上，教师围绕生活中的一系列随机事件展开教学，让学生感受到随机现象发生的可能性、必然性以及二者之间的辩证关系，教学设计重活动、重体验、重比较、重感悟，很好地体现了课程标准的修订精神。

第八章 “综合与实践”的教学实施

第一节 概 述

“综合与实践”是课程改革后新增加的一个领域。为何要增加这个领域？十年之前有专家在解读《课程标准（实验稿）》时对此有这样一段说明：“这个领域沟通了生活中的数学与课堂上的数学的联系，使得几何、代数和统计与概率的内容有可能以交织在一起的形式出现，使发展学生的综合应用知识的能力成为必须学习的内容……这对于改变学生的学习方式，让学生在学习过程中接触到一些有研究和探究价值的题材和方法，使学生全面认识数学、了解数学，使数学在学生未来的职业和生活中发挥作用等方面具有重要意义。”①

为什么要专门增加这个领域来体现沟通联系、突出综合、强化实践的数学教学理念呢？这就涉及课程的结构和体系、不同课程类型对人的培养体现出的不同倾向等深层次问题。纵观国际上的数学课程，“线型”课程和“综合型”课程是两大主流。长期以来，我国的数学课程都是“线型”课程，主要是按照知识脉络来构架课程体系：从原来的“数与计量”“几何初步知识”“统计图表”“典型应用题”……到现在的“数与代数”“图形与几何”“统计与概率”，都是线型排列，螺旋上升。这种课程，优点是便于组织教学、精讲精练，数学知识和技能容易掌握和形成；缺点是知识间的联系被“割断”，学生综合运用知识

① 数学课程标准研制组．全日制义务教育数学课程标准（实验稿）解读［M］．北京：北京师范大学出版社，2002.

的能力得不到很好的锻炼。而在现实生活中，很多问题都需要学生综合运用多方面的知识和技能来解决，特别是面临新的情境，面对新的问题，需要创造性地去寻找解决思路、方法、途径时，这种综合应用知识的能力就显得尤为重要了。而“综合型”课程，注重知识的整体关联和综合运用，侧重于让学生在一种非常宽泛的视野中感受知识的价值，利于学生创造品质和实践能力的培养。

“综合型”课程是目前国际数学课程发展的一个趋势，有人曾经将中美小学数学教材进行比较研究，结果发现美国同一年级的教材的知识容量只有我国的四分之一左右（也就是说我国学生学习一个星期的数学知识点，美国学生要学习一个月）。但是，美国的教材一般都很厚，与我国小学数学教材一学年分为上下两册不同，美国的小学数学教材一般只有一册，全年只用一本书。比如 McGraw-Hill 2008 年出版的加州小学数学课本，其中六年级的一册共计 793 页。Houghton Mifflin 于 2007 年出版的小学五年级数学教材共计 698 页。如此厚的一块“砖头”，要搬动也不是很方便，因此，美国的课本一般都放在学校，学生不会也不方便带回家。

令我们好奇的是，美国小学数学教材中容纳的知识点只有我们的四分之一，可教材却有我们的四倍厚，这教材里到底编了些什么内容呢？仔细研究就会发现，这些教材的每个章节中也都有若干个固定的栏目，比如“准备知识”“例题”“实际应用例题”“练习”“问题解决”等，每个栏目都很有趣；每章中都安排有数个“GAME TIME”栏目，介绍一种与某个知识点相关联的数学游戏。美国小学数学教材中有一款为小数大小比较而设计的游戏，游戏的名称为“小数战争”。游戏要求每位玩家制作一个有 0～9 十个数字的转盘，或者是十张卡片。每位玩家准备一张纸，在每张纸上画十个用于填写两位小数的表格。第一个玩家转动转盘或者抽取卡片，得到一个数字，将这个数字填写到纸上的任一数位。第二个玩家转动转盘或者抽取卡片，将这个数字也写在任选的一个数位上。重复上述的过程直到两人各自得到一个两位小数，得到的小数大的一方赢得一分。

这个游戏既是对小数大小比较方法的巩固，又蕴含了对可能性大小的简单判断，充满了变数，比如你开始两次分别抽到 1 和 2，肯定不愿意将这两个数放在整数部分，因为从十个数字中抽到这么小的数字的可能性太小了，然而，当你自认为“运气不会很差，最后一次总归能抽个大一点的数字”时，或许你最后抽到的就是个“0”，满腔的希望瞬间都化为乌有。学生对这样的游戏乐此不疲。

美国小学数学教材中还有一个栏目也很有特色，名叫“螺旋复习”，其作用是让学生定期复习学过的知识。这一安排的理论依据是艾滨浩斯的遗忘规律。教材在每节课的后面都安排有这样的复习栏目，用于复习前面学习过的知识。在复习栏目中，题目的数量一般都是 5 题，以避免学生忘掉前面学过的知识。同时，在栏目中左侧的空白区域，还会适时呈现学过的概念，帮助学生再次重温概念的含义。美国小学数学教材中还考虑到了教材内容如何与计算机教学进行整合。比如，在学习统计图的时候，教材安排学生用 Excel 绘制统计图；在学习比例尺和利率的时候给学生介绍 Excel 的计算能力。在教学利息时，教材中设计了这样的环节：马克思在银行里开设了一个账户，当前的利率是 4%，他想知道不同本金、利率和时间的利息分别是多少。马克思想要求出存期 2 年，利率是 4%的情况下的利息，就在如图 8.1 所示的电子表格的 B2 单元格输入 4，在 C2 单元格输入 2。要求学生思考下面的问题：(1) 为什么 B 列处的利率要用 B2 除以 100？(2) 如果马克思将 1500 元存入银行，2 年后他的账户有多少钱？(3) 如果本金是 2000 元，那么 2 年后马克思能够赚到多少利息？(4) 如果本金是 1500 元，利率是 7%，存期是 9 个月，那么在 B2 和 C2 处应当输入什么？通过这样的设计，学生了解了 excel 的计算能力，进一步熟

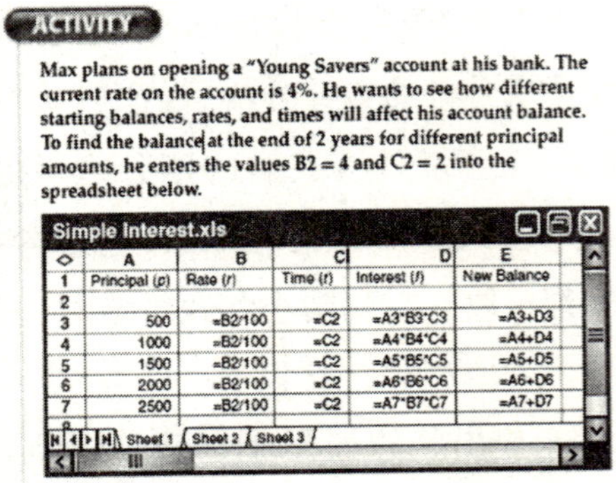
ACTIVITY

Max plans on opening a "Young Savers" account at his bank. The current rate on the account is 4%. He wants to see how different starting balances, rates, and times will affect his account balance. To find the balance at the end of 2 years for different principal amounts, he enters the values B2 = 4 and C2 = 2 into the spreadsheet below.

Simple Interest.xls

	A	B	C	D	E
1	Principal (p)	Rate (r)	Time (t)	Interest (I)	New Balance
2					
3	500	=B2/100	=C2	=A3*B3*C3	=A3+D3
4	1000	=B2/100	=C2	=A4*B4*C4	=A4+D4
5	1500	=B2/100	=C2	=A5*B5*C5	=A5+D5
6	2000	=B2/100	=C2	=A6*B6*C6	=A6+D6
7	2500	=B2/100	=C2	=A7*B7*C7	=A7+D7

Sheet 1 / Sheet 2 / Sheet 3

图 8.1

悉了利息的计算方法；感受到了信息技术带来的方便，理解了学习信息技术的价值。这样的安排，绝对比枯燥讲解 excel 的使用要生动得多。

除了注重与信息技术的整合外，美国小学数学教材中的内容还实现了与音乐、美术、科学、考古、法律、社会以及文学作品之间的整合。比如，“约分”的学习在我们看来是枯燥乏味的，也就是找出分子、分母的公约数，将分数化简为最简分数，实在没滋没味。而美国小学数学教材则是从音乐中每个音符频率的赫兹数说起，如果两个音符的频率值可以约分就说明这两个音符是和谐的，比如音符 C 的赫兹数是 264，音符 E 的赫兹数是 330，将 264 和 330 分解质因数后可以约去 2、3、11，得到$\frac{4}{5}$，那么这两个音符就是和谐的。同时还在这一内容的左侧介绍了作曲家如何运用“和谐音”来作曲的例子。

美国小学数学教材中，相应题目的左侧都有一个空白区域，用于介绍与该题相关的一些拓展性知识，这些拓展性知识分为两种类型：Real-World Link（现实世界链接）和 Real-World Career（现实世界中的职业）。Real-World Link 主要介绍与题目相关的科普知识或者数据信息，Real-World Career 则介绍相关职业的人使用数学知识的情况，如作曲家、舞蹈演员等。教材引入生活中方方面面的知识，让数学课本的可读性更强，同时，来自生活中的鲜活的例子，让学生充分感悟到了数学的价值。在美国小学数学教材中，这种拓展性的知识数量很多，随处可见。此外，美国小学数学教材还很重视培养学生的数学写作能力，教材每章中都有一定数目的 WRITING IN MATH 栏目，这个栏目要求学生用一段话表达自己对某个问题的看法，阐述自己对一个问题的理解。

可以看出，这样一种“综合型”的数学课程，尽了最大可能将生活和数学联系起来，打通了数学各个领域的联系，给学生的是一种“综合视野”，生成的是“综合思维”，锤炼的是综合与实践能力。和

"线型"数学课程相比，"综合型"数学课程将"综合与实践"家常化了，教师在不需要做太多准备的情况下就能依托教材中丰富的资源进行开放式教学。在突出"综合""实践"方面鲜明特色的同时，这样的数学教材也暴露出了不少问题，比如不注重算理的分析。在美国小学数学教材中，"小数乘法"的计算只给出了计算的方法，至于为什么计算小数乘法的时候要末位对齐，教材中没有给出任何理由。我国教材中一年级的加减法都是建立在"数的分解"基础上的，如计算"9－4"时，学生会想到 9 可以分成 4 和 5，所以 9 减 4 等于 5；计算"9＋4"时，学生会想，4 可以分成 1 和 3，9＋1＝10，10＋3＝13，这样学生很容易就能算出结果。算理对于学生计算方法的掌握，逻辑思维能力的培养具有积极的作用。美国小学数学教材则完全没有"数的分解"的训练，在教学"9＋4"的时候，仍然停留在画图、数数、重复训练的基础上。对此，美国数学课程专家及研究人员也已经有了强烈的感受，世界知名几何学家、美国加州大学伯克利分校伍洪熙教授曾专门撰文谈论"让数学核心标准焕发生机"，要求数学知识教学和这五条基本原则保持一致：(1) 精确的定义是逻辑推理的基础；(2) 精确的语言表述阐明什么已知什么未知；(3) 每一个断言都能用逻辑推理来证明；(4) 所有的概念和技巧组织严密，编织得像一张挂毯，无懈可击；(5) 每个概念和技巧都有它出现的目的。[①] 而这些方面，恰恰是中国数学课程的特色。

我之所以要做这样一番分析，就是想换一个角度来看"综合与实践"在数学学习中的价值，思考我们到底需要怎样理解"综合与实践"，需要向什么样的方向去努力。可以这样讲，十年的数学课程改革过去了，尽管"综合与实践"在教学实践中受到了一定程度的重视，但远远没有达到预期效果。一方面是课程教材建设处在初级阶段，翻看各大版本教材对"综合与实践"内容的编排和设计，要么是对课堂内容的拓展和补充，要么就是虚拟一个情境，让学生"看图提

① 伍洪熙．凤凰涅槃——让核心数学标准焕发生机［J］．赵洁译．数学通报，2012，(4)．

问题”，纸上谈兵；另一方面是教学实施敷衍了事，举步不前，很多教师对如何开展“综合与实践”的教学还是“一头雾水”。认识上的模糊，行动上的混乱，使得困惑和问题不断地涌现出来。比如，教材中“综合与实践”内容的编排量较少，老师们从内容选择开始就感到无所适从；对于综合与实践活动的组织和实施方式，由于缺乏成功经验的指导，很容易流于形式；对于如何开展学习评价，如何把握活动难度，更是仁者见仁，智者见智……“综合与实践”内容的教学与实施成了数学教学改革中的一块短板，一块“硬骨头”。

翻阅《课程标准（2011年版）》，我们很容易发现，“综合与实践”领域得到了明显加强。一方面，《课程标准（2011年版）》对“综合与实践”的内涵、特征、实施要点做了明确，指出：“综合与实践”是一类以问题为载体，以学生自主参与为主的学习活动；在学习活动中，学生将综合运用“数与代数”“图形与几何”“统计与概率”等知识和方法解决问题；应当每学期保证一次，可以在课堂上完成，也可以在课外完成，还可以课内外相结合；“综合与实践”的教学，重在实践、重在综合；问题的选择、问题的展开过程、学生参与的方式与合作交流、活动过程和结果的展示与评价等是教师在教学设计和实施时应特别关注的环节；实施过程要成为提高教师自身和学生素质的互动过程；等等。同时，《课程标准（2011年版）》在最后所附的82道例题中，有14道例题（例20～22，例42～46，例74～79）是专门针对“综合与实践”的（与《课程标准（实验稿）》中只有4道例题相比，在数量上明显增多），且每道例题都用了较长的篇幅介绍活动目的和设计要点。此外，在“教学建议”第四条“感悟数学思想，积累数学活动经验”部分，特别提出，“综合与实践”是积累数学活动经验的重要载体，在经历具体的“综合与实践”问题的过程中，引导学生体验如何发现问题，如何选择自己完成的问题，如何把实际问题变成数学问题，如何设计解决问题的方案，如何选择合作的伙伴，如何有效地呈现实践的成果，让别人体会自己成果的价值。在“教学建议”第六条“合理把握‘综合与实践’的实施”中，更是具体地说明了“综合与实践”是实现

“积累数学活动经验、培养学生应用意识和创新意识”等数学课程目标的重要、有效的载体；明确了“重在实践”（是指在活动中，注重学生自主参与、全过程参与，重视学生积极动脑、动手、动口）与“重在综合”（是指在活动中，注重数学与生活实际、数学与其他学科、数学内部知识的联系和综合应用）的含义；指出教师在教学设计和实施时应特别关注五个环节，即问题的选择、问题的展开过程、学生参与的方式、学生的合作交流、活动过程和结果的展示与评价；明确了活动过程中对师生互动的要求等。

这些内容的强化，为我们更好地进行教学改革，切实有效地开展“综合与实践”的教学提供了指导。

第二节　实施要点

一、密切联系实际，精心设计问题

所谓“设计问题”，就是设计“综合与实践”的活动内容。好的“综合与实践”活动内容，应该具有以下特点：一是现实性，即活动内容能和学生所处的生活现实、学习现实紧密关联，便于学生理解并易于开展实践活动；二是开放性，即可以从多个角度采用多种方法开展研究，能充分展示学生之间的研究差异；三是综合性，即活动内容能体现数学与生活、数学与其他学科、数学不同领域内容之间的联系，需要综合运用多个领域的知识和方法来解决问题，要有一定的数学内涵；四是实践性，即活动内容能激发学生的探究欲望，让他们在经历有目的、有设计、有步骤、有合作的实践探索过程中积累数学活动经验。四者之中，现实性是前提，开放性是保障，综合性是基础，实践性是根本。

从《课程标准（2011年版）》所附的例题可以看出，“生活中的轴对称图形”“上学时间”“绘制校园平面图”“旅游计划”“象征性长跑”“估计高度”“从年历中想到的”“包装盒中的数学”“利用树叶的特征对树木分类”等都取材于学生熟悉的生活。生活是数学的源泉，也是小学生数学学习的聚宝盆。如在第一学段学习“数的认识”时，教师可以让学生收集生活中常见的数，并在课堂上列举出来，说明数的相关单位；列举与数有关的事物（如车票、钱币、收据、楼牌、车流量、教室的黑板、洗衣粉的盒子等），在此基础上探讨数的现实意义（如大小、高矮、长短、价格、尺码等）。通过类似的与生活密切相关的问题，教师可以帮助学生认识数学与生活的密切联系，让他们知晓事物的状态可以用数去刻画，体现出课程的人文精神和德育价值。当然，“联系实际”也包括联系学生的学习实际。比如，在学生学习了“圆柱和圆锥的体积”后，可以专门开展一项以“旋转”为主题的综合实践活动，教师可以先让学生旋转长方形、直角三角形小旗，让他们观察形成了什么立体图形；再让学生旋转直角梯形的小旗，并启发学生思考是以上底为轴、还是以下底为轴来旋转得到的旋转体的体积大一些；最后让学生发挥想象，各自设计小旗，猜想、观察旋转出来的图形与生活中哪种物体的形状相似。

客观地看，课程资源是形成课程的要素来源和实施课程的基本条件，课程资源的丰富性与教师对课程资源的开发度决定着课程目标的实现程度和实现水平。原有教材中“综合与实践”的内容设置是非常有限的，且在有限的素材中，教材所提供的例题多数是一些“小综合”，即是基于几个单元或某一册数学知识而设计的，真正跨越多个不同领域、不同学段数学知识的设计几乎没有，跨学科的就更少了。因而，密切联系实际、精心设计问题将成为“综合与实践”教学的首要任务。事实上，区域之间、城乡之间、学校之间、年级之间、班级之间、学生的家庭状况、成长经历等都存在着诸多的差异，要想编写一套“放之四海而皆准”的教材是不可能的，也是不应该的。一个好的数学教师，应该能从所任教班级学生的实际出发，引导学生用数学的眼光去寻找问题、提出问题、设计方案、开展实践、形成思考，切实发展学生的综合与实践能力，有效弥补“线型”课程的不足。如果一所学校的所有数学教师都能充分发挥自身的能动性，调动学生的主动性，从生活和学生的实际出发来确定研究专题，开展研究，要不了几年，就能形成质量较高的校本课程。当然，从科学的角度来看，要真正地发展学生的综合与实践能力，在使用“线型”数学教材的过程中，仅仅靠“每学期保证一次”来开展“综合与实践”的教学是远远不够的。这就好比一个孩子因为缺钙而体质差、个子矮小，半年里只给他喝一次骨头汤、吃一粒钙片，这样能起到让孩子强身健体、长高个子的效果吗？因此，我们要更加注重“综合与实践”教学实施的日常化、家常化、随堂化，“拳不离手，曲不离口”，从意识抓起，从基础做起，相信不久之后一定能有很大的成效。

我们学校曾在二年级学生中开展了一次以“数眼看世界”为主题的活动，我们抓住小孩子喜欢涂涂画画的习性，指导他们将亲身经历的、含有“数学故事”的情景画下来，然后用日记的方式写出来。不做不知道，一做还真吓一跳，学生的创新能力真是不简单。比如，学习了直角、钝角、锐角后，一位学生完成了这样一篇绘画日记（图 8.2 为学生为日记画的配图）。

2012 年 5 月 12 日　星期六　天气：多云

前几天，我放学回家后妈妈问我：“最近数学学的是什么内容？”我告诉妈妈：“学的是直角、锐角、钝角。”妈妈又问：“你学得如何？”我开心地说：“把角从小到大排个队，锐角＜直角＜钝角。在我们的生活中，经常能观察到角的存在。我发现，人的四肢就能清楚地表现角。手臂伸直，两腿并拢，就是直角；身体不动，手臂往下斜，就是锐角；手臂往上扬就是个大大的钝角。我和同学们可以互相学习着做这样的动作呢！”“不错，数学的乐趣在于发现……”妈妈表扬我说。

图 8.2

下面是题为“跳了多远”“十五的月儿十六圆”的两篇绘画日记。

2012 年 5 月 17 日　星期四　天气：晴

今天，许老师带我们去跳远。当轮到我跳时，我单脚居然跳了 173 厘米！我非常得意，可小伙伴们都觉得不对劲儿。我一看，当时的得意劲儿全没了，原来有一根米尺的方向放反了，是从 100 向 1 数的。(作者注：如图 8.3，地面上从起跳点开始放了两根米尺，便于直接量出 2 米以内的长度。第二根米尺的方向放反了，应该将 0 刻度对着第一根米尺的 100 刻度才对) 我想：100—73=27 厘米，连忙说："错了，错了！我跳了 127 厘米！"大伙儿都围过来一看，是啊，是 127 厘米！看来生活中的数学真多啊，就让我们一起在这个奇妙的世界中探索吧！

图 8.3

2012 年 5 月 13 日　星期天　天气：晴

星期五，妈妈带我去扬州瘦西湖玩。我们在坐船的地方坐上一条船，船往前开，来到了五亭桥。

五亭桥上有五座亭子，桥下有好几个桥洞。摇船的阿姨问我："小朋友，你知道这座桥有多少个桥洞吗?"我一看，中间一个大的，两边各两个小的，不就是五个吗？我大声地说："5 个！"阿姨笑了笑说："不对，再仔细看看。"我仔细一看，原来两边的小桥洞旁边还有几个更小的桥洞，一边 5 个，桥的结构是对称的，两边加起来就是 10 个。加上我开始看到的 5 个，就是 15 个桥洞了。

图 8.4

我高兴地说："15 个！"阿姨表扬了我，她说："中秋节的晚上，天上的月亮倒映在湖面上，15 个桥洞就有 15 个水中月亮，再加上天上的一轮圆月，那就是'十五的月亮十六圆了'。"我们听了都鼓起掌来。

这种数学绘画日记不同于数学小报，所画所写都是学生自己亲眼所见的场景、亲身经历的事情，没有虚构的成分；也不同于语文教师布置的写日记，不需要华丽的辞藻和工整的句式，而重在说清楚其中蕴含的“数学事实”。我还不能说这是完全意义上的综合与实践活动（毕竟这里面“实践”的分量偏少），但是，这样一种尝试对于低年级学生用数学的眼光看生活、联系实际思考数学问题、不断增强数学感受力是大有裨益的，而这些都是“综合与实践”教学的重要目标。从实际效果来看，学生对此兴趣盎然，十分投入，有一位学生在两天的双休时间中竟然完成了四篇数学绘画日记。

二、广泛开展实践，加强合作交流

“综合与实践”本质上是一种解决问题的活动，它“有别于学习具体知识的探索活动，更有别于课堂上教师的直接讲授。它是教师通过问题引领、学生全程参与、实践过程相对完整的学习活动”。因此，在“综合与实践”学习过程中，教师要引导学生广泛参与实践。这里的“广泛”，既指过程的充分，也包括形式的多样，还应该包含充分的交流。

“过程的充分”，就是说学生要全程参与研究，全员参与实践。比如《课程标准（2011年版）》附录例21“生活中的轴对称图形”，活动的主题是“组织学生分组收集日常生活中常见的图形（如图标），观察它们是否有对称轴，若有对称轴，数出或说出有几条对称轴。尝试画出它们的对称轴。在课堂中展示交流大家的发现，并尝试设计出一些轴对称图形”。开展这个活动，教师就应该鼓励每个学生走进生活、走向大自然、走向社会，通过拍照、绘画等方式收集自己看到的轴对称图形。再比如，《课程标准（2011年版）》附录例22“让学生记录自己在一个星期内每天上学途中所需要的时间，并从这些数据中发现有用的信息”，教师在指导学生做好基础性的准备工作（如事先调整好家里钟表的时间，使其和学校钟表的时间保持一致；在活动期间需要保证自己每天上学途中的行为尽量一致；作为参照，也可记录放学回家的时间等）后，要动员学生自己设计记录表，人手一份或几个人为一个小组，每个小组明确记录人。

过程生发体验，过程激活思维，过程引发灵感，过程孕育创新。重视让学生经历实践活动过程需要注意以下几个问题：一是放手让学生自主参与实践活动，限制越多，学生的自由度就越小，创新的机会就越少；二是要关注每个学生参与的积极性和参与的程度，对不同的学生给予有针对性的指导；三是要鼓励学生独立思考，让学生在探索与解决问题的过程中加深对相关数学知识的理解和对数学的整体性认识，发展学生的数学思维能力；四是要让学生经历实践活动的全程，即让他们经历发现并提出问题，提出设计思路，制订实践方案，交流讨论，获得结论，总结反思等完整的过程。

“形式的多样”，就是指活动的形式要因人而异、因地制宜、灵活多样。小调查、小制作、小课题研究、小调研报告等都可以成为活动的方式和成果。对低年级的学生而言，一些健康益智的游戏也可以成为“综合与实践”的形式。比如“扑克牌中的数学”就涉及四季、年、月、日等计时方式，涉及“算 24 点”的问题，还可以用来玩“小猫钓鱼”等游戏；扑克牌的发明历史及不同国家的玩法、不同方式的玩法，还蕴含着数学文化。再比如，“写数学日记”是很多数学教师为配合中高年级学生数学阅读而开展的数学实践活动，而低年级的学生，由于受到识字量和写作能力的限制，还很难写出像样的数学日记，上文提到的“数学绘画日记”实践活动，即让学生通过绘画来表达自己观察到的、遇见过的数学素材、故事，同时采用简单的日记形式写出自己想要表现的主题，就是非常好的创新教学形式。此外，让学生走出教室、走向社会、走到大自然中去的实践活动也应得到重视，并在实践活动中占有一定的比例。当然，同一实践活动，由于学生的个体理解的差异、思维的差异、解决问题途径的差异，也会出现不同的结果。

“充分的交流”，是指实施“综合与实践”教学时，“教师要组织好学生之间的合作交流，并照顾到所有学生”。只有进行充分的交流，才能使问题解决中所出现的各种状况呈现出来；只有进行充分的交流，才能让学生明确解决问题的最好途径和问题解决的最终结果；只有进行充分的交流，师生间、同伴间才能增进了解并共同分享活动成功的喜悦。对此，《课程标准（2011年版）》附录例22“让学生记录自己在一个星期内每天上学途中所需要的时间，并从这些数据中发现有用的信息”中，就提出了这样的教学建议：“组织学生进行交流，比较自己与他人的调查结果，从而获得更多信息；了解大多数同学上学途中所需要的时间，同学中最长的和最短的时间；可以将时间分段，统计每个时间段的学生人数，得到表格或者统计图。在此过程中，鼓励学生体会分析调查结果及得到结论的乐趣”。

展示是交流的重要平台，展示本身也是一种交流。展示的形式有很多种，比如个人展示、小组展示、全班展示、给家人展示；文字展示、图表展示、电子作品展示；编辑小报展示、出墙报专栏展示、网络平台展示；等等。展示和交流的成果都可以存入学生的成长档案袋。

三、重视思考与反思，提升实践能力

《课程标准（2011年版）》指出，积累数学活动经验、培养学生的应用意识和创新意识是数学课程的重要目标，应贯穿整个数学课程之中，“综合与实践”是实现这些目标的重要和有效的载体。同时，《课程标准（2011年版）》也指出，数学活动经验需要在“做”的过程和“思考”的过程中积淀，是在数学学习活动过程中逐步积累的。上述各种要求都强调“广泛开展实践”，这在某种意义上就是在强调“做”的过程，与此同时，我们还应该重视实践活动过程中的思考与反思，以帮助学生“逐步积累运用数学解决问题的经验”，增长实践智慧，提升实践能力。

比如《课程标准（2011年版）》附录例20“图形分类：如图8.5所示，桌上散落着一些扣子，请把这些扣子分类。想一想：应当如何确定分类的标准？根据分类的标准可以把这些扣子分成几类？然后具体操作，并用文字、图画或表格等方式把结果记录下来。”教材建议教师先放手让学生自己试一试，让他们在困惑中发现问题、提出问题、学会反思，然后再动手实践、归纳概括，形成正确的结论。建议具体分四步进行：

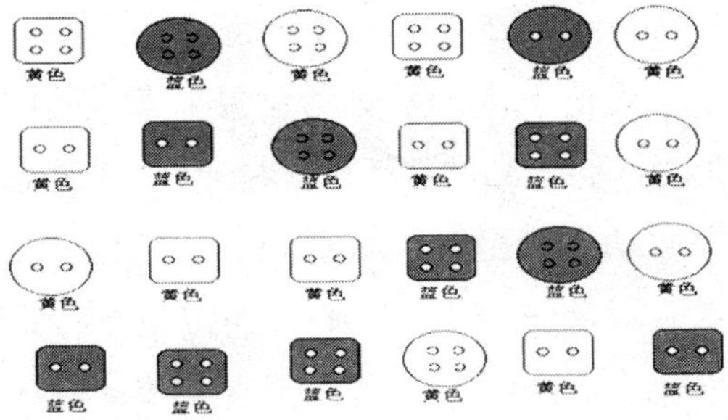

图 8.5

第一，学生自己尝试，发现问题，提出问题。为什么同样的扣子，分类的结果却不一样？引发学生主动反思。

第二，讨论确定分类标准。让学生理解分类是要依据分类标准的，我们可以根据扣子的形状、颜色或者扣眼的数量制定分类的标准。注意引导学生反思分类标准的交叉造成的分类结果的重叠与遗漏。如按照扣子的颜色和形状分类，就会有扣子既不在蓝色的一类，又不在方形的一类，而有些扣子既在蓝色的一类，也在方形的一类，所以分类时，要按同一个标准来分。

第三，抽象出图形共性。根据分类标准，引导学生进行实际操作，并运用文字、画图或表格等方法记录分类的结果，培养学生整理数据的能力。

第四，组织汇报。学生报告分类结果，互动评价，教师引导学生整理思路。

上述教学方法有助于让学生在问题解决的过程中感悟分类的数学思想和方法。教师以“为什么同样的扣子，分类的结果却不一样”这一问题引发学生主动反思，从而激起他们去寻求“新的分类标准”，继而探索“新标准下的分类方法”。学生在经历了根据形状不同、颜色不同、扣眼数量不同等标准进行分类的过程后，能逐渐学会该如何确定分类标准，如何在分类过程中认识对象的性质，如何区分不同对象的不同性质。通过实践探索，学生能不断积累活动经验；通过反思，学生能加深对分类思想与方法的理解。而学会分类，有助于学生分析和解决新的数学问题。①

理论上讲，数学活动经验就是学生在经历数学活动过程中获得的对于数学的体验和认知。与数学概念、技能等显性知识相比较，数学活动经验是一种缄默知识。它包含了对数学的情感、态度、价值观以及对数学美的体验，也包含了渗透于活动行为中的数学思想、数学观念、数学精神等，还包含处理数学对象的成功思维方法、方式等。就不同的个体而言，学生经历的数学活动过程，获得的数学活动数学活动经验是有差异的。学生的数学活动经验是建立在学生参与数学活动时所产生的个体感觉的基础之上的，而学生个体之间感悟数学的水平差异较大，因此，学生之间的数学活动经验有较大的差异。就某一数学活动而言，尽管同一个班级的学生都参与其中，但有的学生获得的数学活动经验比较清晰，有的学生获得的数学活动经验则比较模糊；有的学生获得的数学活动经验比较丰富，有的学生获得的经验则比较单薄。就经历的过程而言，活动经验的发展具有一定的层级性、规律性。第一次活动中获得的经验称为原初经验；第二次遇到相同情境时，经验再现，一般称为再生经验；再次遇到类似情境时，迁移运用先前经验，产生再认性经验；在形式不同、本质一样的情况下，按照“模式”重复运用这种经验时，这种经验成为概括性经验；概括性经验经多次调用、反思后，内化为经验图式。从数学活动经验的角度来看，学生数学活动的过程就是数学活动经验不断升级、不断转化的过程。事实上，学生经历了数学本质一样的、多样化的数学活动，在交流、讨论与反思等活动的作用下，他们的原初经验得以改造，完成了数学活动经验从低层次到高层次的发展。而要达到这样的学习佳境，就很有必要在“综合与实践”实施过程中对学生个体或群体解决问题的路径、繁简程度、质量、效果、蕴含其中的智慧火花、创新亮点、主动性、兴趣、自信心、克服困难的勇气、协作精神等进行反思，帮助学生认识他们自己在“综合与实践”活动中

① 吴正宪．感悟数学思想，积累数学活动经验——从《数学课程标准》的三个案例说起［J］．小学教学（数学版），2012，（1）．

获得的缄默知识，总结成功的经验或失败的教训，促使学生的思维不断发展，并逐步上升到理性高度，长此以往，学生便会在“综合与实践”中学会“数学地思考”，思维也会变得条理化、清晰化、精确化，而这，对于学生数学素养的形成与实践智慧的生成十分有利。

整体来看，随着《课程标准（2011 年版）》对“综合与实践”教学要求的进一步提高，小学数学教材建设和教学改革在这方面将开启新的征程，我们既要认识到挑战与希望同在，困难与机遇并存，又要看到理念与实践、理想与现实之间还有很大的距离，留有很大的发展空间，每一位数学教师、每一个学校都可以大有作为。

附：“票据中的数学”教学案例

“票据中的数学”教学设计与说明

【教学年级】

中、高年级（本案例以四年级为主）

【设计思想】

数学来源于生活，也应用于生活。要让学生学会数学学习和数学思考，首先得使他们有一双“数学的眼睛”。用数学的眼光来观察世界、了解自然、激活思维、揭示规律，已逐渐成为现代人的一项重要的数学素养。综合与实践活动因其具有综合性、实践性、开放性、灵活性等特点，是发展学生这方面素养的重要途径。

票据，作为人们日常生活中的一种交换凭证，已经见诸于生活中的方方面面，走进了千家万户，也走进了孩子们的视野和世界。但是，恐怕并没有多少学生有意识地去关注过、认真去研究过小小的票据里到底蕴藏着怎样一个丰富多彩的数学世界。为此，本节课由学生的日常生活切入，组织实践活动，让学生当一回发现者、研究者，到票据中去寻找数学，感受数学在生活中的广泛应用，并体会数学的作用和魅力，从而增强学生的数学意识，激发学生热爱数学的情感。

【教学准备】

票据中涉及的内容比较多，如数量及数量关系、统计表格、数据及信息编码等，几乎覆盖了“数与代数”“图形与几何”“统计与概率”等所有领域。本课主要是针对中年级教学来设计的。课前，教师要求学生收集家里的票据，如购房发票、水电费交款收据、车票、电影票、购物票、有线电视交费票、学费收款收据、手机话费单、电话话费单等，并自主研究所收集的票据上面有没有与数学有关的内容，做好初步的整理和梳理。同时，教师也准备几张学生熟悉且常见、常用的票据。

【教学过程】

1. 谈话导入

师：同学们去商场或超市买过东西吗？当你付钱时，售货员会将你的购物情况打印在一张购物票上给你，你们想过吗，超市为什么要打印购物票给你呢？

［设计说明：“综合与实践”是以问题为主导的自主学习活动，从数学的角度研究票据，首先要思考它有什么用。学生经过初步讨论和思考，不难找到答案：如方便顾客清点买了什么，买了多少，用去多少钱；顾客可以在结算有误的情况下，凭购物票退货或换货，保护消费者权益；便于超市进行财务管理；等等］

欢迎光临文峰大世界

品 名	单价	数量	金额
佳洁士牙膏	9.00	1	9.00
上好佳薯片	2.00	4	8.00
绿箭口香糖	6.80	3	20.40
麻辣汤调料	2.00	6	12.00

应付金额：49.40

实付金额：50.00

找零：0.60

为保护您的权益，请妥善保管购物票

0513—88859098

图 8.6

小结板书：小小票据作用大！

2. 观察与交流

师：前几天，老师也去超市购物了，今天带来了一张购物票。（出示如图 8.6 所示的购物票）从这张购物票上，你能知道些什么信息呢？

［设计说明：本环节意在引导学生仔细观察，从票据中可以看出教师所购物品的名称、单价、数量、总价等；可以看出教师与营业员之间的钱财交付情况；表中还隐藏着“单价×数量＝总价”“付出钱

数—用去钱数=找回钱数”等数量关系。如果学生回答正确，教师应表扬学生会用“数学的眼睛”来看这张小小的购物票]

小结板书：小小票据学问多！

3. 揭示课题

导出板书：票据中的数学

4. 小组活动

师：课前同学们都收集了一些票据，谁能告诉大家你带来的是什么样的票据吗？

[设计说明：教师在让学生简要汇报自己带来的是什么样的票据后，还可以让带了同一类票据的学生自由组合，形成不同的研究小组。比如，可将学生分为“车票组”“购物票组”等，既进行个别介绍，又寻找共同特征；也可以按教室座位每4人为一组，每个小组内的同学相互介绍自己的发现和研究成果。小组活动时，可以让学生简要地将小组的研究结果进行整理和记录]

5. 全班展示

各小组汇总研究结果，推选代表在全班进行介绍和展示。教师适当进行板书，突出本环节的教学重点——小小票据学问多。

6. 释疑互动

学生提出自己或小组成员在研究过程中产生的疑问和不能解决的问题，共同交流。

师：同学们展开一张张票据，就像打开一扇扇小窗户，大家开动脑筋、共同探索，透过一扇扇小窗户，我们看到的是一个数学大世界。

小结板书：小小票据大世界！

7. 练习与提高

(1) 火眼金睛

让学生观察几张不同地区的车票（如图8.7、图8.8）找出车票中相同的数学知识。

图 8.7

图 8.8

（2）模拟演习

师：王伯伯新买了一架升降梯，高 6 米，每米售价是 450 元。根据这些信息，你能试着帮他填写一张购物票吗？

8. 总结收获

让学生畅谈活动感受，引导学生留心观察生活，感受生活中处处皆有数学。建议每位学生可将自己研究票据的情况写成一篇数学小论文，教师可将大家的研究成果汇编成数学小报张贴在班上。

【设计总评】

《课程标准（2011 年版）》提出，让学生“通过实践活动，感受数学在日常生活中的作用，体验运用所学的知识和方法解决简单问题的过程，获得初步的数学活动经验”。本节课的教学，通过对小小票据中所蕴含的数学知识的寻找、交流、研究、思考等活动，让学生感受到数学在生活中无处不在。因为是综合与实践课，教学的目标较多地指向了学生的广泛参与，所以教师在教学过程中努力营造出互动发展与合作学习的氛围。本节课意在让学生通过收集材料、研讨发现、交流思想的过程，获得一种探究式、发现式数学学习经验和体验。课始，教师提供购物票让学生进行统一的观察与交流，为学生课中的自由探究做了铺垫，而交流环节，教师让学生在轻松、愉快的氛围中对研究的话题进行解释和运用，使他们感受到对票据中提供的信息进行准确分析是十分重要的。当然，本节课的教学也追求教学的开放性、自主性、选择性，如果课堂中能有鲜活、新奇的非所学课本知识领域中的探究内容出现，无疑更能拓展学生数学学习的视野，即便是在研究中生出一些悬而未解的有趣问题，也定能使学生产生研究的欲望，促使他们主动地进行课外学习。此外，根据所教学年级和班级学生的实际情况，这样的综合与实践活动也可以完全放手让学生自己去设计思路、确定主题、生成问题、合作解决，增强活动的开放度和自主性。

◎ 后记

改变一点点，前进一大步

教育乃民族大业，课程改革是教育改革和发展的发动机与助推器，承载着重要的使命。课程改革不可能一蹴而就，积跬步才能至千里，积小流才能成江海。毫无疑问，当我们带着新的理念走进“后课标时代”时，只有从日常教学中的一点一滴做起，让自己的教学有想法、有办法、有根基、有梦想，能贴着时代的脉搏跳动，才有可能把所有的理想都变成现实。

郑毓信教授在展望“后课标时代”时曾特别提到，任何较为复杂的实践活动都不可能通过简单地套用某种现成的理论就获得成功；恰恰相反，由于对象与情境的特殊性与复杂性，所有的实践不可能完全纳入任何一个固定的理论框架。因此，与单纯强调理论的指导作用相比，我们更应重视立足于实践活动，通过及时总结与深入反思获得教育的新发展，应更加重视“实践性智慧”对于开展新工作的启示意义。而“实践性智慧”不应被理解成普遍性的理论，它主要是指“借助于案例进行思维”。这也就是说，作为反思性实践者，我们应当高度重视对案例（包括正例与反例）的分析与积累，并通过比较案例获得从事新的实践活动的重要启示。

对包括我在内的广大的一线数学教师而言，改变一点点其实并不是什么难事，关键是自己要想着改，尝试着改，智慧地去改。枯树得以在秋风萧瑟中焕发生机，只因那一点点绿藤的缠绕；美丽之所以在黑暗里呈现，是因为有了心灵烛火的映照。任何伟大的创造都是从一点点的改变开始的。如果每次教学研究，每节数学课，都能透出一点点“实践性智慧”的亮光，那数学教育的天空一定会澄澈透亮。教师在改变自己的时候，更是在改变别人，尤其是在改变我们可爱的孩子们——改变着他们的课堂生活，改变着他们的学习方式，改变着他们的思维品质，也改变着他们人生的轨迹，改变着他们的未来。改变孩子的未来，就是改变国家的未来、民族的未来。

改变一点点，前进一大步。我是这样想的，也正在这样做。本书从写序言到今天写后记，前后正好历时一个月。我非常惊诧在这么短的时间内自己居然能敲出十几万字。是平时一点点的累积，使得我在写作时思如泉涌；是一个字一个字的累加，才有了这厚厚的一本书。当然，由于行文仓促，加之学识浅薄，书中或许会出现“上不到天”（理论阐释）、“下不达地”（实践探索）的“悬空”状况，疏忽、错误之处在所难免，望读者能谅解。在内心里，我是非常期望能由“经验型实践”上升到“理论指导下的自觉实践”，再努力上升到“反思性实践”的境界的。

本书在形成过程中，得到了知名学者柳夕浪先生以及好友袁荣光先生的大力支持；同时，书中还多次引用了数学课程标准修订组专家团队以及郑毓信教授、马云鹏教授、刘加霞博士、吴正宪老师、贲友林先生、顾志能先生、顾亚龙先生等专家学者的研究成果；江苏省南通市海安县实验小学的同仁们也给予了我众多的帮助，在此一并深表感谢！

许卫兵